ISBN 978-3-649-64237-4

© 2022 Coppenrath Verlag GmbH & Co. KG,
Hafenweg 30, 48155 Münster, Germany
Illustrationen: Sara Vidal Peiró
Grafische Gestaltung: Tina Defaux
Textsammlung: Manuela Hunfeld
Redaktion: Inga Biller & Kai König

www.coppenrath.de

Dein bestes Alter ist jetzt!

Heitere Geschichten & Gedichte

COPPENRATH

Inhalt

Joachim Ringelnatz

Zu einem Geschenk

Ich wollte dir was dedizieren,
nein, schenken; was nicht zu viel kostet.
Aber was aus Blech ist, rostet,
und die Messinggegenstände oxydieren.

Und was kosten soll es eben doch.
Denn aus Mühe mach ich extra noch
was hinzu, auch kleine Witze.
Wär bei dem, was ich besitze,
etwas Altertümliches dabei –
doch was nützt dir eine Lanzenspitze!

An dem Bierkrug sind die beiden
Löwenköpfe schon entzwei.
Und den Buddha mag ich selber leiden.
Und du sammelst keine Schmetterlinge,
die mein Freund aus China mitgebracht.
Nein – das Sofa und so große Dinge
kommen überhaupt nicht in Betracht.

Außerdem gehören sie nicht mir.
Ach, ich hab die ganze letzte Nacht
rumgegrübelt, was ich dir
geben könnte. Schlief deshalb nur eine,
allerhöchstens zwei von sieben Stunden,
und zum Schluss hab ich doch nur dies kleine,
lumpige, beschiss'ne Ding gefunden.

Aber gern hab ich für dich gewacht.
Was ich nicht vermochte, tu du's: Drücke du
nun ein Auge zu.

Und bedenke,
dass ich dir fünf Stunden Wache schenke.
Lass mich auch in Zukunft nicht in Ruh.

Stefan Heidenreich

Die Zutaten

Um den eigenen Geburtstag feiern zu können, reicht geboren zu sein bei Weitem nicht aus. Wir benötigen bereits eine ganze Menge an verschiedenen Zutaten, bevor wir von den Umständen und dem Zeitpunkt der eigenen Geburt überhaupt verlässliche Kenntnis haben. Und auch das genügt noch lange nicht. Es braucht auch ein Selbstbewusstsein, ohne das vermutlich niemand auf die Idee käme, sich selbst an einem bestimmten Tag im Jahr zu feiern. Das Geburtstagsfest ist also keinesfalls so normal und selbstverständlich, wie es uns heute erscheint. Vielmehr handelt es sich um eine vergleichsweise komplizierte Erfindung, geboren aus einer Vielzahl kulturhistorischer Voraussetzungen.

Die offenen Fragen beginnen damit, dass wir uns an unsere Geburt bekanntlich ganz und gar nicht erinnern können. Wir sind auf andere angewiesen, die uns davon berichten. Beim menschlichen Gedächtnis handelt es sich aber leider um eine recht unzuverlässige Quelle. Besonders ein Detail, das wir für das Fest unbedingt benötigen, fehlt in so gut wie allen Berichten. Die Erinnerung der Eltern mag zwar viele Einzelheiten speichern, also etwa die Dauer oder die Uhrzeit der Geburt und auch den Ort des Geschehens. Was aber mit ziemlicher Sicherheit fehlt, ist das Datum. Denn am Ende hilft es wenig zu wissen, dass ich einen Tag nach Vollmond an einem Herbstnachmittag zur Welt kam. Nicht einmal für das genaue Jahr gibt es einen brauchbaren Platz im Gedächtnis.

Um für ein Jubiläum zu taugen, müssen wir unsere Erinnerung daher unterstützen. Nur so kommen wir über das bloße „Weißt du noch" hinaus. Am besten helfen wir unserem Gedächtnis mit einer schriftlichen Notiz auf die Sprünge. Das aber ist nicht jedermanns Sache. In der Regel werden Geburtsakten nur dort geführt, wo es Ämter und Behörden gibt, die über das Leben der Bürger Bescheid wissen wollen. Noch heute ist das rund um den Globus keinesfalls selbstverständlich. Jedes Jahr werden gut 50 Millionen Kinder geboren, also fast jedes dritte, ohne dass jemand ihren Geburtstag registriert.

Die Verwaltung der Bürger führt uns geradewegs zur nächsten Geburtstagszutat. Ihr Alter übersteigt das der modernen Urkunde um etliche tausend Jahre. Um einen bestimmten Tag notieren zu können, müssen wir erst einmal alle Tage benannt und sortiert haben. Dazu brauchen wir einen Kalender. Die Erfindung des Kalenders liegt weit vor dem massenhaften Notieren von Geburtsdaten.

Ein Datum zu notieren ist nicht der einzige Grund, warum wir für das Geburtstagsfest einen Kalender brauchen. Er sagt uns nicht nur, wie der Tag heißt, sondern misst auch die Länge des Jahres. Er erfüllt also eine doppelte Aufgabe, was unseren Geburtstag betrifft, jedenfalls wenn wir ihn jährlich feiern wollen.

Damit haben wir die drei Grundzutaten beisammen, ohne die es schlicht unmöglich ist, einmal im Jahr am selben Tag Geburtstag zu feiern:
- eine Erinnerung, am besten schriftlich notiert,
- im Datumsformat und
- den Kalender.

Dabei handelt es sich allerdings nur um die technischen Zutaten. Sie reichen bei Weitem nicht aus, um die Feier zu erklären. Um überhaupt auf die Idee zu kommen, die eigene Geburt zu feiern, braucht es einige weitere Verfeinerungen, gerade so wie bei allen guten Rezepten. Wäre der Geburtstag eine Torte, so würde es sich um eine Art von kulturphilosophischer Glasur handeln. Wahrscheinlich wäre die Torte auch ohne selbst gemachtes Johannisbeergelee, ohne Buttercreme-verzierung aus dem Spritzbeutel mit Nüssen und ohne dass wir die Tortenböden mit Obstsaft und einem Schuss Rum besprühen, machbar, aber eben ein wenig staubig und trocken.
Allein weil wir wissen, wann wir geboren wurden, feiern wir noch längst kein Fest an diesem Tag. Jubiläen gibt es viele, aber der Geburtstag kommt nicht ohne Grund recht spät dazu. Tatsächlich erweist er sich im Vergleich zu all den Festen, die wir sonst so kennen, als ein eher ungewöhnliches Jubiläum.
Etwas zu feiern ist immer eine gemeinsame Sache. Natür-lich gibt es Ausnahmen wie den römischen Dichter Ovid,

der ganz für sich allein einen Geburtstag beging, und zwar nicht einmal seinen eigenen, aber dazu später mehr. Im Normalfall feiert es sich am besten in Gesellschaft. Dazu gehört üblicherweise, dass alle miteinander aus einem gemeinsamen Anlass ein Fest feiern. Zu solchen Anlässen zählen etwa große Märkte, das Ende der Ernte, Festtage von Heiligen und Göttern, Jubiläen von Gründungen oder großen Ereignissen oder in neuerer Zeit auch Festivals aller Art. Was die Geburtstage von all diesen Festen unterscheidet, ist ihr privater Anlass. Sich selbst zu feiern galt die längste Zeit als Privileg von Herrschern. Oft allerdings bezog sich das Jubiläum nicht auf die Geburt der Königin, des Königs oder eines Fürsten oder sonst eines Aristokraten, sondern auf die Amtseinführung oder Thronbesteigung. Dabei handelte es sich um Feiern, die den gesamten Staat und damit alle Bürger miteinander betrafen. Um überhaupt darauf zu verfallen, das eigene Datum der Geburt als privaten Anlass eines Festes zu nehmen, benötigen wir drei weitere Zutaten.

Die erste sind wir selbst. Dieses „Ich" ist nicht so alt, wie man vermuten mag. Und es kommt keinesfalls so selbstverständlich daher, wie es uns heute erscheint. Zwar haben schon die alten Griechen den Wahlspruch ausgegeben: Erkenne dich selbst. Aber sosehr sie sich auch um sich selbst sorgten, sie sahen sich doch immer als soziale Wesen eingebunden in den Zusammenhang ihrer Stadt und ihrer Familie und Freunde, und dazu standen sie noch unter dem Schutz ihrer vielen Götter. Die Aufschrift „Erkenne dich selbst" stand bezeichnenderweise über dem Tempel von Delphi. Sie richtete sich nicht an ein modernes, selbstbezügliches „Ich", sondern forderte die Besucher auf, im Orakel der Götter ihr eigenes Schicksal zu erkennen.

Das „Ich" als modernes Subjekt entsteht viel, viel später. Es hat die Macht, oder eher die Pflicht, selbst zu denken und sich selbst zu begreifen. Den „Ausgang aus der selbst verschuldeten Unmündigkeit" hatte der Philosoph Immanuel Kant als dringendste Aufgabe des aufgeklärten Menschen gefordert. Dass er dabei lediglich einen „geschärften Befehl zum Selbstdenken" befolgte, den der preußische Minister von Fürst am 26. Mai des Jahres 1770 vom König an die Universitäten weitergeleitet hatte, wird in der Heldengeschichte der großen Philosophen gerne unterschlagen.

Was hat es mit diesem „Subjekt" auf sich? Betrachten wir es an einem Beispiel. Wir gehen heute ganz fraglos davon aus, dass wir für unsere Taten selbst verantwortlich sind. In seltenen Fällen können wir mildernde Umstände anführen. Aber wir wissen sehr genau, dass wir uns weder auf das Schicksal noch auf die Launen der Götter berufen können. Wir haben gelernt, dass wir am Ende ganz allein für uns selbst zuständig sind und selbst bedenken müssen, was wir tun. Das war nicht immer so. Solange sich der Mensch im Reich des einen Gottes oder der vielen Götter gut aufgehoben fühlte, war selbst zu denken nicht angesagt. Im Jahr 1619 hatte ein französischer Soldat in Diensten der bayrischen Armee in seiner überheizten Stube zu Neuburg an der Donau ein paar eigenartige Träume. „Ich denke, also bin ich", notierte der Herr mit Namen René Descartes. Um die gleiche Zeit beginnen die Leute nicht nur damit, für sich selbst zu denken, sondern auch, sich selbst zu feiern. Irgendwie scheinen, jedenfalls an diesem zweiten Beginn des Geburtstagsfestes, Denken und Feiern zusammenzugehören.

Aber das „Ich" allein reicht noch nicht. Zwei weitere Zutaten fehlen noch, um mit dem Feiern wirklich beginnen zu können. Dass wir uns selbst denken, erklärt zwar den Wunsch, uns auch zu feiern, nicht aber die Tatsache, dass wir es am Tag unserer Geburt tun.

Das „Ich", das wir nun einmal sind, muss dazu noch zwei entscheidende Dinge lernen. Erstens müssen wir uns als ein Wesen begreifen, das in der Zeit lebt. Am deutlichsten wird dieser Bezug zur Zeit wohl in der Erfindung der Kindheit. Nicht umsonst üben die Kindergeburtstage eine derart große Attraktion aus. Kindheit erfinden? Wie soll das gehen? Hat denn nicht seit Ewigkeiten jedes Kind eine Kindheit? Sind Menschen nach der Geburt nicht immer Kinder, erst kleine, dann große? Die Antwort der Kulturhistoriker auf diese Frage fällt eindeutig aus: Nein! Ein klares und deutliches Nein. Die Kindheit musste als eigenständige Phase des Lebens erst erfunden werden. Das geschieht ungefähr im 18. Jahrhundert. Vorher galten junge Menschen einfach als kleinere Ausgaben der Erwachsenen. Für manche Aufgaben waren sie unbrauchbar, für andere gut geeignet. Bevor sie sprechen konnten, kümmerte man sich besser nicht so sehr um sie. Die ersten Jahre überlebten nicht viele. Eine Kindheit als abgesonderten Abschnitt des Lebens kannte man nicht. Dass wir Jahr für Jahr wachsen und uns entwickeln, anstatt einfach nur im Kreislauf des Immergleichen dasselbe zu tun, musste erst in unser Bewusstsein gebracht werden. Zum Ausdruck dieses neuen Bewusstseins wurde, unter anderem, der Geburtstag. Nämlich ein Tag, an dem wir uns als ein Wesen begreifen, das wächst, größer wird und sich mit der Zeit verändert, von Jahr zu Jahr.

Aber auch das genügt nicht. Noch fehlt eine weitere Zutat, um Geburtstag feiern zu können. Wir sind jetzt Subjekte geworden, die sich Mühe geben, selbst zu denken, und wir wissen, dass wir jedes Jahr älter werden. Aber damit „haben" wir noch lange keinen Geburtstag. Es mag zwar Behörden, Ämter oder auch Pfarrer geben, die das Datum unserer Geburt notiert haben und deshalb kennen. Sie geben unsere Daten auf Anfrage weiter, zum Beispiel an die Ausheber der Armee oder die Polizei oder den Steuereintreiber. All diese Amtspersonen „haben" damit unseren Geburtstag. Aber wir selbst müssen erst noch darauf kommen, ihn uns anzueignen. Dazu braucht es die Idee des Eigentums als Recht jedes Menschen. Philosophisch gesprochen handelt es sich um den Schritt Kant zu Hegel, vom selbst denkenden Subjekt zum

Eigentümer. Der Begriff vom Privatmenschen als jemandem, der etwas besitzt, setzt sich, jedenfalls für die breite Bevölkerung, erst recht spät durch. Die längste Zeit der Geschichte brauchten die meisten Leute keinen Besitz und hatten auch nichts. Die Idee des Eigentums wäre ihnen fremd erschienen. Im alltäglichen Kampf ums Leben spielten derlei Formfragen keine Rolle. Man lieh und nahm sich, was man brauchte, und wenn andere es benötigten, reichte man es weiter. Das änderte sich für das gewöhnliche Volk erst, als der beginnende Kapitalismus Güter aller Art in großen Mengen herzustellen erlaubte. Seitdem lernten die Bürger, Dinge zu bezahlen, zu kaufen, zu besitzen und auf ihren Besitz zu achten, ihn zu mehren und mit Geld umzugehen. Eine Unmenge alter Märchen berichtet von diesem Wandel, vom Erben, von den Goldschätzen, vom Verkauf der Seele. Gerade Letzteres dürfen wir übrigens ganz wörtlich nehmen. Der käufliche Erwerb des eigenen Seelenheils steht ganz am Beginn des neuzeitlichen Subjekts. Zu den neuen Besitztümern gehört auch, dass die Leute lernen, ein Fest als ihr „eigenes" zu feiern. Sie beginnen, ihren eigenen Geburtstag zu „haben".

Damit sind die drei Zutaten der kulturphilosophischen Glasur beieinander:
- das moderne „Ich" (Subjekt)
- als zeitliches Wesen
- mit Eigentum.

Insgesamt braucht es für den Geburtstag, so wie wir ihn heute feiern, diese sechs Zutaten. Aus der Liste der Bestandteile geht nicht hervor, wie das alles im Lauf der Zeit zusammengerührt wurde. Wir haben es mit einer langen kulturhistorischen Entwicklungsgeschichte zu tun. Auf unseren Wegen durch diese Geschichte werden wir vielen verschiedenen Menschen und Ereignissen begegnen: einem einsamen Dichter, einigen dogmatischen Verächtern des Geburtstags, diversen Königen und Aristokraten und feierwütigen Horden unterschiedlichster Herkunft. Dazu kommen Schilderungen einzelner Feste und Fehlschläge, das Auspacken und Einpacken von Geschenken, Besuche bei Ämtern und Behörden und eine ganze Reihe eigentümlicher Rituale.

Der Geburtstag hat nicht nur eine Geschichte, sondern auch eine lebendige Gegenwart und eine Zukunft. Wie jede Tradition wird er erfunden und verändert. In den sozialen Medien haben sich in den letzten Jahrzehnten ganz neue Kulte um Geschenke und Glückwünsche breitgemacht.

Zugleich verändern sich die Grundzutaten des Festes. Seit wir mehr und mehr in Netzwerken unterwegs sind und unsere Erinnerungen online archivieren, hat sich unser Verhältnis zur Zeit gewandelt. Zwar kennen alle Plattformen und Freunde unsere Daten. Aber wir begreifen unser Leben nicht mehr in der alten Ordnung der modernen Zeit. Was wir mögen und liken und was uns im Netz nah erscheint, zählt mehr als das Neue.

Dazu passt, dass sich der Begriff des Fortschritts aus vielen Lebensentwürfen verflüchtigt. Dieses Verblassen betrifft auch die Idee vom Menschen als Subjekt. Für das Leben in sozialen Netzwerken hilft uns der individualistische Blick auf uns selbst nicht mehr weiter. Wir können die Mühen, uns selbst zu denken, beiseitelassen, denn wir haben ja Freunde, die das für uns erledigen. Das Fest, zu dem uns die vielen Online-Glückwünsche erreichen, ändert sich damit. So zeigen die entstehenden Rituale in den Netzwerken voraus auf den Geburtstag der Zukunft.

Mark Twain

Besuch eines Interviewers

Der kräftige, nette, „schneidige" junge Mann nahm den Stuhl, den ich ihm anbot, und sagte, er gehörte zur Redaktion der „Täglichen Blitzpost"; dann fuhr er fort:

„In der Annahme, dass Sie nichts dagegen haben, möchte ich Sie interviewen."

„Möchten Sie ... was?"

„Sie interviewen." [...]

„Oh, mit Vergnügen – mit Vergnügen! Ich habe ein sehr schlechtes Gedächtnis, aber ich hoffe, Sie werden nicht so genau daraufsetzen. Das heißt ... es ist ein unregelmäßiges Gedächtnis – überaus unregelmäßig. Manchmal geht es im Galopp, und dann wieder braucht es vierzehn Tage, um über einen gewissen Punkt hinwegzukommen. Das macht mir viel Kummer."

„Oh, bitte, es macht ja nichts, wenn Sie sich nur recht Mühe geben wollen."

„Gewiss. Ich will mit ganzer Seele bei der Sache sein."

„Danke. Sind Sie so weit?"

„Jawohl."

„Wie alt sind Sie?"

„Neunzehn, im Juni."

„So?? Ich hätte Ihnen fünf- bis sechsunddrei-ßig gegeben. Wo wurden Sie geboren?"

„In Missouri."

„[...] Wer ist nach Ihrer Meinung der Hervorragendste von allen Männern, mit denen Sie je in Berührung kamen?"

„Aaron Burr."

„Aber Sie können doch nicht Aaron Burr gekannt haben, wenn Sie jetzt erst neunzehn Jahre alt sind –"

„Nun, wenn Sie besser über mich Bescheid wissen als ich selber, warum fragen Sie mich dann?"

„Oh, es war nur eine Andeutung, weiter nichts... Unter welchen Umständen waren Sie mit Burr zusammen?"

„Ja, ich war zufällig eines Tages bei seinem Begräbnis, und er bat mich, nicht so viel Lärm zu machen und ..."

„Aber, grundgütiger Himmel! Wenn Sie bei seinem Begräbnis waren, so muss er tot gewesen sein, und wenn er tot war, was ging's ihn dann an, ob Sie Lärm machten oder nicht?"

„Das weiß ich nicht. Er war in dieser Beziehung immer ein schnurriger Kauz."

„Trotzdem verstehe ich's ganz und gar nicht. Sie sagen, er habe mit Ihnen gesprochen, und Sie sagen, er sei tot gewesen."

„Ich sagte nicht, dass er tot gewesen sei."

„Aber war er denn nicht tot?"

„Ja, die einen sagten, er wäre tot, die anderen, er wär es nicht!"

„Und was war Ihre Meinung?"

„Oh, mich ging das nichts an. Es war ja nicht mein eigenes Begräbnis."

„Hatten Sie ... Indessen, wir kommen damit doch nicht zum Ziel. Gestatten Sie mir, Sie nach etwas anderem zu fragen. Wann war Ihr Geburtstag?"

„Montag, den 31. Oktober 1693."

„Was? Unmöglich! Dann wären Sie ja hundertachtzig Jahre alt. Wie erklären Sie das?"

„Ich erkläre es überhaupt nicht."

„Aber zuerst sagten Sie, Sie seien neunzehn, und jetzt wollen Sie hundertachtzig Jahre alt sein. Das ist aber ein hässlicher Missklang."

„Haben Sie das wirklich bemerkt?" Ich schüttelte ihm die Hand. „Manchmal kam es mir selber vor, als ob's ein Missklang sei, aber ich konnte mir nicht recht klar darüber werden. Wie schnell Sie doch so etwas bemerken!"

„Danke für das Kompliment ... [...] Würden Sie mir vielleicht noch sagen, welcher besondere Umstand Sie veranlasste, Burr für einen so hervorragenden Mann zu halten?"

„Oh, es war eigentlich nur eine Kleinigkeit! Unter 50 Leuten hätte kaum ein Einziger überhaupt darauf geachtet. Als die Predigt vorüber war und das Trauergefolge in der richtigen Ordnung aufgestellt dastand und der Leichnam schmuck und nett in seinem Sarg auf dem Leichenwagen lag, da sagte er, er möchte noch einen letzten Blick auf die Umgebung werfen, und stand auf und setzte sich neben den Kutscher."

Hierauf empfahl der junge Mann sich voller Ehrerbietung. Er war ein sehr angenehmer Gesellschafter, und es tat mir leid, dass er ging.

Franz Hohler

Der Geburtstagskalender

Seit er pensioniert war, hatte sich sein Leben verändert. Er gehörte zu denjenigen Menschen, die sich schlecht oder gar nicht darauf vorbereitet hatten, aus dem Arbeitsprozess auszuscheiden. Als Sachbearbeiter für die kleinen und mittleren Unternehmen auf dem Steueramt war er unter diesen für seinen unbestechlichen Blick auf die Buchhaltung und die abzugsfähigen Unkosten gefürchtet gewesen. Bei seiner Abschiedsfeier war sogar der zuständige Regierungsrat kurz erschienen und hatte ihm dafür gedankt, dass er durch seine Überprüfungen für den Staat jedes Jahr sechs- bis siebenstellige Frankenbeträge ins Trockene gebracht habe, ja, hatte er im Scherz gesagt, er, der Regierungsrat, verdanke wohl sein Jahresgehalt nur den Bemühungen von ihm, Eduard Freher. Und da war er nun auf einmal zu Hause, frühstückte am Morgen mit seiner Frau Rosemarie, die einige Jahre jünger war als er, und wenn sie die Wohnung verließ und zur Schule ging, an der sie unterrichtete, blieb er zurück, räumte den Tisch auf, steckte das Geschirr in die Spülmaschine, las die Zeitung, ohne dass er nachher sagen konnte, was er gelesen hatte, und wusste nicht, was tun.

Auf Anraten seiner Frau hatte er sich bei „Pro Senectute" gemeldet, um in Freiwilligenarbeit älteren Menschen beim Ausfüllen ihrer Steuererklärung behilflich zu sein, hatte aber zu seinem Erstaunen den Bescheid erhalten, sie hätten

23

schon genügend Helfer für diese Aufgabe und würden gerne auf ihn zurückkommen, wenn jemand ausfiele. Er war kein Wanderer, er war auch kein Großvater, da ihnen ihr einziger Sohn bislang noch keine Enkel beschert hatte, er hatte keine wirklichen Hobbys. Immerhin hörte er gerne Musik, klassische Musik, und das Einzige, das er sich für die Zeit nach der Pensionierung vorgenommen hatte, war, Ordnung in die beachtliche Sammlung seiner Tonträger zu bringen, die aus Langspielplatten, Musikkassetten und CDs bestand. Er würde sie, hatte er gedacht, alle durchhören, ein Verzeichnis anlegen, Doppeltes ausscheiden und Kassetten, für die es ja bald keine Abspielmöglichkeiten mehr gab, auf CDs überspielen lassen, obwohl man bereits allenthalben hörte, diese seien ebenfalls Auslaufmodelle und die Zukunft der Speicherung von Musik sei die Festplatte. Er stellte jedoch fest, dass es ihm nach spätestens zwei Stunden reichte und sich dann wieder diese Ratlosigkeit einstellte, die er jeweils nach dem Frühstück verspürte.

Eines Morgens, als er auf der Toilette saß, fiel sein Blick auf den Geburtstagskalender, der neben dem Spiegelschrank an der Wand hing. Rosemarie hatte ihn vor Jahren besorgt und darin mit Bleistift die Geburtstage ihrer Verwandten und ihrer Freundinnen eingetragen, auch den ihres Sohnes und einiger von Eduards Verwandten. Diesen Kalender hatte er so wenig beachtet wie ein Bild, an das man sich mit den Jahren so gewöhnt, dass man es nicht mehr wirklich wahrnimmt. Den Geburtstagen hatte er keine besondere Aufmerksamkeit geschenkt und manchmal auch gelächelt, wenn Rosemarie, bevor sie das Haus verließ, noch ein Zettelchen auf den Boden des Korridors legte, auf das sie mit Filzstift einen Namen mit dem Vermerk „Geb." schrieb, also z. B. „Geb. Alfons", damit sie nicht vergaß, Alfons zum Geburtstag zu gratulieren, wenn sie wieder nach Hause käme.

Beim heutigen Datum las er „Alice". Allerdings hatte seine Frau kein Erinnerungszettelchen auf den Boden gelegt, denn Alice war eine Cousine von Eduard, mit der sie kaum mehr in Kontakt waren. Eduard holte sein Adressbüchlein, in dem sie mit ihrer Telefonnummer eingetragen war. Ob die wohl noch gültig war? Ja, das war sie, Alice meldete sich und war ebenso erstaunt wie gerührt, als sie Eduards Stimme hörte. Wie es dazu käme, dass er an ihren Geburtstag gedacht habe, fragte sie, und Eduard sagte, seit er pensioniert sei, habe er wieder mehr Zeit, auf den Geburtstagskalender zu schauen, und da stehe sie beim heutigen Datum drauf. Wo der Kalender hing, sagte er nicht. Er erfuhr dann von ihr, dass es ihr gar nicht gut gehe und dass sie sich morgen ins Inselspital begeben müsse, um sich übermorgen einen Tumor entfernen zu lassen, nachdem die Chemotherapie nach der ersten Operation offenbar nichts genützt habe.

Eduard wünschte ihr dazu alles Gute, sagte, er werde an sie denken und ihr den Daumen drücken, und nachdem er den Hörer aufgelegt hatte, schrieb er sich einen Zettel „Do. Alice Blumenstrauß" und legte ihn auf seinen Schreibtisch. Heute war Montag, Donnerstag wäre der erste Tag nach der Operation.

Dann dachte er an seine Cousins und Cousinen, neun waren es insgesamt, und sie waren, wie er feststellte, allesamt in seinem Adressbüchlein eingetragen, zwei waren schon gestorben, aber ihre Adressen waren immer noch drin. Er strich sie durch und setzte ein Kreuzlein davor. Man hatte sich eigentlich immer nur bei den Beerdigungen und Trauerfeiern gesehen; dort fiel gelegentlich der Satz, wieso man sich eigentlich nur treffe, wenn jemand sterbe, man könnte doch auch sonst einmal etwas zusammen machen, und daraufhin passierte gar nichts.

Dass sich Alice über seinen Anruf gefreut hatte, der offenbar in einem wichtigen Moment gekommen war, freute Eduard seinerseits und gab ihm das Gefühl einer gewissen Genugtuung, ähnlich demjenigen, das er jeweils nach dem Abschluss einer Arbeit empfunden hatte. Er nahm das Adressbüchlein in die Hand, ging damit auf die Toilette und schaute nach, ob die Geburtstage der anderen Cousins und Cousinen auch eingetragen waren. Zu seiner Verwunderung waren alle drin. Das lag sicher am Familiensinn Rosemaries, die ihn dazu gedrängt haben musste, denn der Geburtstagskalender war ihre Idee gewesen. Bei dieser Gelegenheit sah er, dass der nächste Geburtstag schon in drei Tagen anstand, es handelte sich um den älteren Bruder von Rosemarie. Auf seinen Zettel schrieb er unter „Do. Alice Blumenstrauß" „Geb. Paul".

Als er Rosemarie am Abend von seinem Anruf bei Alice erzählte, lachte sie und sagte, sie hätte nicht gedacht, dass ihr Geburtstagskalender bei Eduard noch zu Ehren käme.

Und ja, der Krebs, sie lese gerade mit einer Französischklasse *Une cuilleree de bleu* von Anne Cuneo, ein Buch, in dem die Autorin ihren Kampf mit dem Krebs schildere, und die jungen Menschen seien sehr beeindruckt davon. Als sie in einer Schulstunde einmal darum gebeten habe, wer in seiner Familie ein Krebsopfer habe, solle die Hand hochhalten, hätten ausnahmslos alle die Hand erhoben. Eduard hatte den Namen der Schriftstellerin noch nie gehört – eine Schweizer Autorin, sagte Rosemarie, und sie habe den Krebs sehr lange überlebt und sei erst kürzlich daran gestorben. Dann zählten sie auf, wer in ihrem Familien- und Freundeskreis schon an Krebs gestorben war, und Eduard sagte, wenn der nächste Bettelbrief der Krebsliga in der Post liege, werde er etwas einzahlen.

Als Rosemarie am Donnerstag nach Hause kam, sagte sie als Erstes, fast hätte sie vergessen, ihrem Bruder zum Geburtstag zu gratulieren, und das werde sie nun gleich tun. Eduard lächelte und sagte, er habe ihm schon gratuliert, auch in ihrem Namen. Rosemarie reagierte etwas verärgert. „Wieso denn das?", fragte sie. Sie habe keinen Zettel geschrieben „Geb. Paul", antwortete Eduard, und da habe er gedacht, er mache das am besten selbst, damit es nicht vergessen gehe, und im Übrigen habe sich Paul gefreut, sie hätten ein gutes Gespräch gehabt zusammen, unter Pensionierten sozusagen, und sie könne ihn ja ruhig noch selbst anrufen. Das tat sie denn auch, aber Paul hatte kaum Zeit, er sei gerade daran, den Grill im Garten vorzubereiten, und bald kämen ein paar Gäste, die er eingeladen habe, ja, ja, es gehe ihm prima, danke für den Anruf.

„Siehst du", sagte Eduard, „ist doch gut, dass ich ihm in Ruhe gratulieren konnte." Rosemarie schien nicht besonders glücklich darüber. Es sei sicher gut gemeint, dennoch wäre es ihr lieber, wenn er ihren Verwandten nicht zum Geburtstag gratuliere, bevor sie es selbst getan habe.

Ein paar Tage später fragte Rosemarie, wer denn Stefanie sei, die er auf dem Geburtstagskalender für den morgigen Tag eingetragen habe. Eine Schulkameradin, entgegnete Eduard. Letzte Woche sei eine Einladung zu einer Klassenzusammenkunft gekommen, und da sei bei jedem Namen nebst der Adresse auch noch das Geburtsdatum gestanden.

„Und Stefanie war wohl dein Schulschatz?"

Eduard wurde etwas verlegen. „Ja. Mein erster. Mit acht Jahren."

„Und du denkst, sie freut sich, wenn du ihr zum Geburtstag gratulierst?"

„Ich hoffe es."

„Pass mir auf, Edi, alte Liebe rostet nicht." Beide lachten.

„Und", fragte Rosemarie am nächsten Tag, „hat sie sich gefreut, deine Stefanie?"

„Natürlich. Eigentlich freuen sich alle, wenn man ihnen zum Geburtstag gratuliert. Sie hat ein ganz schön bewegtes Leben hinter sich." Und er erzählte von ihren zwei Scheidungen, ihren drei Kindern vom ersten und den zweien vom zweiten Mann, ihren zwei Enkelinnen und ihrer Stelle als

Ombudsfrau im Kanton St. Gallen, bis er merkte, dass Rosemarie nur mit einem halben Ohr zuhörte.

Sie war erstaunt, als sie in der Folge ein paar neue Namen auf dem Geburtstagskalender fand. Ja, sagte Eduard, das seien diejenigen Schulkameraden aus der Primarschule, an die er sich gut erinnere.

„Du meinst, Schulkameradinnen?", spöttelte Rosemarie. Es waren fast nur Mädchennamen.

„Nicht nur. Hanspeter ist jedenfalls kein Mädchenname."

Mit Hanspeter und Louis zusammen hatte er, als sie in der dritten Klasse waren, eine Art Geheimbund geschlossen. Er war der Nächste, dessen Geburtstag fällig war.

Als sie am Samstag aufbrechen wollten, um sich im Möbelgeschäft neue Küchenstühle anzusehen, sagte Eduard, er müsse noch schnell Hanspeter anrufen. Rosemarie, die schon im Regenmantel war, setzte sich und schaute noch etwas in die Zeitung. Nach einer Viertelstunde war sie beim Kulturteil angelangt und ging zu Eduard ins Wohnzimmer, der gerade fragte, wie der Schnellste an der Kletterstange noch mal geheißen habe in ihrer Klasse, der Kleine mit den Sommersprossen. Richtig, Schneider, das Schneiderlein hätten sie ihn doch genannt, ja, er hänge jetzt auf, er müsse auf eine Einkaufstour, und alles Gute nochmals.

Auf dem Weg zum Möbelgeschäft erzählte er Rosemarie im Bus, wie der kleine Schneider einmal beim Schulbesuch eines Kleinzoos gegen einen Affen an der Kletterstange angetreten sei und wie der Affe oben angekommen sei, bevor Schneider noch zwei Züge machen konnte, und dass er

Hanspeter völlig überrascht habe mit seinem Geburtstagsanruf, worauf ihn Rosemarie fragte, ob sie nachher noch in der Fischabteilung des Delikatessenladens vorbeigehen wollten.

Ein paar Tage später zeigte ihr Eduard mit verschmitztem Lächeln einen Briefumschlag.

„Weißt du, wer mir geschrieben hat?"

„Nein, wer denn?"

„Regierungsrat Hollenweger."

Das war sein oberster Vorgesetzter gewesen, als er noch auf dem Steueramt gearbeitet hatte.

„Und warum?"

„Ich habe ihm zum 60. Geburtstag gratuliert, und er hat sich bedankt."

Rosemarie war baff.

„Ich meinte, du hieltest nie besonders viel von ihm."

„Immerhin kam er zu meiner Abschiedsfeier."

„Aber trag ihn bitte nicht in den Geburtstagskalender ein, ja?"

„Oh, das hab ich schon getan, doch wenn du willst, radier ich ihn wieder aus."

„Ja, bitte, er gehört ja weder zur Familie noch zum Freundeskreis. Und zur Schule bist du auch nicht mit ihm gegangen."

Am nächsten Morgen sah Rosemarie beim Blick auf den Geburtstagskalender die ausradierte Stelle. Da Eduard einen starken Bleistift benutzt hatte, war die blasse Schrift immer noch zu erkennen „B. Hollenweger Reg. Rat".

Und beim heutigen Tag stand „Edith Hirschi".

Sie lasse Edith Hirschi grüßen, sagte Rosemarie, bevor sie ging.

„Werde ich tun!", rief Eduard fröhlich, doch es schien ihm, die Tür falle etwas heftiger ins Schloss als sonst.

Wer denn Reto sei, fragte er Rosemarie ein paar Tage später. Er hatte den Monat Juni aufgeschlagen und dort beim 3. den Namen gefunden, der ihm gar nichts sagte. Das sei ein alter Schulfreund von ihr, entgegnete Rosemarie. Sie könne sich vorstellen, dass er sich auch freuen würde, wenn sie ihm zum Geburtstag gratuliere.

Das sei bestimmt eine gute Idee, sagte Eduard.

Einmal wollte er die langjährige Sekretärin seiner Abteilung eintragen und sah, dass das Feld schon besetzt war.

„Giancarlo" stand da in so großer Schrift, dass „Marie-Josee" daneben kaum noch Platz fand. Wer Giancarlo sei, fragte er Rosemarie. Ihr Dirigent, sagte Rosemarie, die in einem Chor mitsang. Eduard war etwas erstaunt. Er habe gar nicht gewusst, dass sie per Du mit ihm sei.

Als Eduard den Namen der Stadtpräsidentin einfügen wollte, weil er überzeugt war, dass sie sich über Glückwünsche aus der Bevölkerung freuen würde, und sah, dass an diesem Tag schon „Armand F." stand, beschloss er, sich einen eigenen Geburtstagskalender anzulegen. Er holte sich in der Papeterie einen Kalender, auf dem über jedem Monat ein anderer Geburtstagskuchen prangte, schrieb den Kalender aus der Toilette ab, allerdings ohne die Einträge seiner Frau und ohne die selbstverständlichen, die er sowieso im Kopf hatte, und versorgte ihn in der Schreibtischschublade. Wenn Rosemarie jeweils gegangen war, zog er ihn heraus, schaute nach, welcher Geburtstag nächstens bevorstand, überlegte sich, ob ein Brief oder ein Telefonanruf angemessener sei, und versicherte sich, dass er die Telefonnummer oder die entsprechende Adresse besaß. Nach dem Brief des Regierungsrats hatte er damit begonnen, den Mitgliedern der Kantonsregierung, aber auch denjenigen der Landesregierung zum Geburtstag zu gratulieren. Diese Menschen, sagte er einmal zu Rosemarie, seien viel einsamer, als wir es uns vorstellten, gerade weil sie ständig von anderen Menschen umringt seien, die ja nur an ihnen als Amtsträger interessiert seien. Er hatte ihr den Dankesbrief eines Bundesrats gezeigt. Das sei doch ein unverbindlicher Floskeltext, bei dem nur der Name des Adressaten ausgewechselt werden müsse, meinte Rosemarie, worauf Eduard sagte, immerhin seien seine Geburtstagswünsche angekommen.

Wie es eigentlich seiner Tonträgersammlung gehe, fragte sie ihn daraufhin.

Er habe sich, sagte Eduard, für eine alphabetische Lösung entschieden und sei jetzt beim Buchstaben B, der natürlich mit Namen wie Bach, Beethoven und Brahms stärker bestückt sei als A. Mit den Oboenkonzerten von Albinoni sei er ziemlich rasch durch gewesen, obwohl er sich schwer getan habe, die zwei Kassetten wegzuwerfen, die er auch als CD habe. Er wisse nur noch nicht, ob er bei Bach die Reihenfolge nach dem Bach-Werke-Verzeichnis oder ebenfalls nach Alphabet machen solle, je nachdem kämen dann die Brandenburgischen Konzerte vor allen Kantaten, was zwar einfacher wäre, aber chronologisch nicht stimmen würde.

Nein, nein, ihre französischen Chansons werde er nicht anrühren, das sei ja so abgemacht.

Tatsache war jedoch, dass seine Hauptsorgfalt immer weniger dem Ordnen seiner Tonträger galt, sondern vielmehr dem Verfassen von Geburtstagsbriefen. Eine Verbindung der beiden Gebiete ergab sich allerdings dadurch, dass er begann, auch berühmte Solisten in seine Geburtstagspost einzubeziehen. Gerade bei diesen Menschen war es nicht einfach, eine Adresse herauszufinden, unter welcher sie erreichbar waren, und er schickte dann hin und wieder eine E-Mail an ihre Agentur mit der Bitte um Weiterleitung, obwohl ihm das eigentlich zu formlos vorkam.

Wichtig waren ihm auch die Formulierungen: Gerade seit Rosemarie den Bundesrat eines Normbriefs verdächtigt hatte, bemühte er sich, seine Briefe nicht immer gleich zu gestalten. Schon der Anfangssatz „Sie wundern sich vielleicht, von einem unbekannten Menschen einen Brief zu erhalten" ließ viele Modulationen zu wie „Es erstaunt Sie vielleicht …", „Es mag Sie erstaunen …", „Bestimmt verwundert es Sie, dass …", „Sie fragen sich möglicherweise …", und wenn er zu den Wünschen kam, bemühte er sich stets, über „alles Gute" hinauszugehen, indem er etwa einem Regierenden schrieb, er wünsche ihm weiterhin viel Freude bei der sicher nicht immer leichten Arbeit. Bei der Gratulation für den Wirtschaftsminister des Landes fügte er nach einem ähnlichen Satz in Klammern die etwas gewagte Ergänzung hinzu: „Ich war dreißig Jahre lang Steuerbeamter und weiß, wovon ich spreche." Der Entschluss, diese Klammer anzufügen, hatte ihn fast einen Nachmittag gekostet. Mal kam es ihm anbiedernd vor, dann fand er wieder, gerade diese persönliche Notiz könnte dem Minister gefallen.

Eher leichter fiel es ihm, Bezüge zur Tätigkeit der Solisten oder Solistinnen einzuflechten. „Mögen Sie sich weiterhin so leichtfüßig durch das Weltrepertoire spielen wie bisher", schrieb er einer Geigerin, die bei ihren Konzerten barfuß auftrat, um ihre Verbundenheit mit der Erde zu zeigen, oder einem berühmten Pianisten wünschte er „das Glück, noch oft das Klavierkonzert KV 595 von Mozart so meisterhaft aufführen zu können wie auf Ihrer CD mit den Wiener Philharmonikern, die meine Plattensammlung krönt".

Zu seinem Erstaunen bedankten sich die meisten der Angeschriebenen für seine Wünsche, was er Rosemarie jeweils mit einer gewissen Feierlichkeit mitteilte. „Weißt du, wer mir heute geschrieben hat?", pflegte er sie dann zu fragen, und als sie einmal mit einem Scherz antwortete: „Der heilige Sebastian?", sagte er leicht pikiert: „Der Bundespräsident", und hielt ihr den Umschlag hin, auf dem neben seinem Namen, Eduard Frehner, und seiner Adresse als Absender unter einem Schweizer Wappen in Prägeschrift stand „Der Bundespräsident der Schweizerischen Eidgenossenschaft". Rosemarie zeigte sich weniger beeindruckt, als sich Eduard das gewünscht hätte.

„Na", sagte sie bloß, „da hast du dir ja einen neuen Beruf ausgewählt."

„Was für einen?"

„Gratulant." Eduard lachte.

„Ich bin erst in der Ausbildung."

„Und wann machst du dein Gesellenstück?"

Rosemaries Frage, so ironisch sie klang, ging Eduard so lange nach, bis er eine Antwort darauf gefunden hatte.

Sein Gesellenstück sollte ein Geburtstagsbrief für den Papst werden, und er wollte seine Frau damit überraschen. Das Spötteln würde ihr bestimmt vergehen, wenn er ihr eine Antwort direkt vom Heiligen Stuhl vorweisen konnte.

Als er diesen Vorsatz fasste, war es Anfang Dezember, deshalb musste er sich sputen, denn Papst Franziskus hatte am 17. Dezember Geburtstag. Es galt, Entscheide zu fällen, etwa, in welcher Sprache er den Brief schreiben sollte. Er beschloss, ihn zuerst auf Deutsch abzufassen, dann ins Italienische zu übersetzen, so gut er konnte, und ihn danach einer Schulkollegin aus der Gymnasialzeit vorzulegen, die Italienischlehrerin geworden war. Die Frage der richtigen Anrede war die erste Knacknuss. „Ihre Heiligkeit"? „Sua santità"? Oder einfach „Lieber Papst Franziskus"? „Caro Papa Francesco"? Oder sogar „Mein lieber Papst Franziskus"? Das entspräche vielleicht der volkstümlichen Art des Pontifex, der sich gerne als ganz normaler Mensch gab. Aber Eduard war ja gar nicht katholisch. Oder mindestens „Verehrter..."? Ob er ihn wirklich verehrte, war zweitrangig, es ging um die richtige Form. Oder alles zusammen, „Ihre Heiligkeit, verehrter, lieber Papst Franziskus"? Und was wünschte man einem Würdenträger wie ihm? „Viel Freude bei der sicher nicht immer leichten Arbeit"? Das klang eher etwas zu weltlich. „Möge Gott Ihnen beistehen, die Fülle der

Verantwortung Ihres großen Amtes zu tragen"? Nicht nur, dass Eduard nicht katholisch war, er glaubte nicht einmal an Gott. Doch hier ging es um das, was der Papst glaubte. Er würde den Präsidenten der katholischen Kirchgemeinde anrufen, der einige Male wegen der Steuern bei ihm gewesen war, vielleicht konnte der ihn beraten. Auch die korrekte Adresse musste herausgefunden werden, „Papa Francesco, Città del Vaticano" würde wohl nicht ganz genügen, damit der Brief wirklich ernst genommen wurde.

Als er nach drei Tagen intensiver Arbeit und verschiedensten Telefonaten und E-Mails das Gratulationsschreiben am frühen Abend ins Reine schrieb, klingelte das Telefon.

Es war Rosemarie, die ihm sagte, sie sei mit Reto in einem Restaurant in Chur, sie seien gerade beim Apero, und sie wisse nicht, ob sie noch nach Hause komme.

Eduard erschrak.

„Mit Reto?"

„Ja. Er hat mich eingeladen."

„Aha. Wie kommt er denn dazu?"

„Er möchte mir gratulieren. Ich habe heute Geburtstag."

Friedrich Ani

So kann's gehen

Als Herr B. und ich feststellten, dass wir unweigerlich auf einen runden Geburtstag zusteuerten, jeder auf seinen eigenen, aber beide mit derselben Zahl, beschlossen wir, etwas dagegen zu tun – oder dafür. Kernfrage: Wen einladen? Je älter man wird, desto mehr Freunde und Bekannte hat man. Haha. Schon in der Schule fand ich Aussagen von Klassenkameraden irritierend, sie hätten Post von ihren FREUNDEN aus Amerika bekommen – oder sogar Besuch. Sakra! Amerika! Ich dagegen kriegte niemals Post von meinen Freunden, außerdem hatte ich in dem oberbayerischen Dorf, in dem die Evolution mich in ihrer unendlichen Rätselhaftigkeit hinversetzt hatte, nur eine Handvoll Kindergartenkumpels. Mir genügte die Menge.

Tempi passati. Zurück in die Gegenwart.

Herr B. fertigte eine Liste mit Namen an, ich ebenso. Manche Namen tauchten doppelt auf, andere wurden rasch gestrichen. Warum? Wir befürchteten Verkrampfungen im Umgang, schon bei der Begrüßung. Womöglich sagen zwei, die man einander vorstellt: „Wir kennen uns." Und zwar mit einem Subtext, der für ein zehnbändiges Lexikon reichen würde. Nicht mit uns!

Dann eine Erkenntnis: Eingeladen werden nur Personen, mit denen wir per Du sind, Herr B. und ich gleichermaßen.

Folgt eine gewisse Reduzierung, aber auch eine Intensivierung, jedenfalls in unserer Vorstellung.

Schließlich behielten wir das Konzept bei: Rein kommt nur, wer Du sagt. Damit wäre das geklärt.

Allerdings: WO kommen die alle rein? In die Wohnung? Niemals. Herr B. gibt gelegentlich Einladungen, aber nie für mehr als sechs bis acht Leute, mehr würden sich zertrampeln. Ich gebe nie Einladungen: keine Stühle, Tisch übersät von Papier und dergleichen. Wohin also zum runden Geburtstag? Für mich als Gasthausbewohner bleibt nur das Gasthaus, dem Herrn B. gefiel die Vorstellung eines Hotels, wo wir gleich unsere auswärtigen Gäste unterbringen könnten. Gesagt, versucht. Im Grand Hotel, in dem ich gelegentlich meinen eigenen Wänden entfliehe, unterbreiteten sie uns ein finanziell sehr faires Angebot und stellten uns einen Saal zur Verfügung, den wir nach unseren Vorstellungen ausschmücken lassen durften. Herr B. war grundsätzlich begeistert, ich ratlos. Vielleicht zu unpersönlich, das ganze Ambiente. Sind doch lauter sehr persönliche Duzfreunde und -bekannte anwesend. Vielleicht auch zu protzig: Grand Hotel!

Sakra! Der Geburtstag rückte rund und unbarmherzig näher. Da fiel mir eine Kneipe in der Nähe des Hauptbahnhofs ein, in dem ich über die Jahre schon oft gelesen und entspannte Abende verbracht hatte. Ein eher ruppiger Ort – vor allem für Menschen, deren Zahl ihres jüngsten runden Geburtstags weit höher liegt als 30 oder 40. Herr B. und ich verabredeten uns mit dem Wirt, und er teilte uns mit, dass er öfter derartige Veranstaltungen mit eigenem Catering durchführen würde, alles kein Problem. Traue nie jemandem, der sagt: Alles kein Problem. Da ich den Wirt jedoch seit Langem kannte, traute ich ihm, und wie sich herausstellen sollte, hatte er nicht im Geringsten übertrieben.

Und jetzt: Geschenke, ja oder nein? Ich: Nein. Herr B.: Auf jeden Fall! Alternative: Keine Geschenke, dafür Geld sammeln für Spenden. Mann, sind wir gute Menschen. Und für welche Organisation? Wir konnten uns nicht einigen und fanden auch, wir würden uns damit wichtigmachen. Kann man nicht einfach mal feiern und gelegentlich etwas spenden, jeder für sich, ohne Publikum? Gedacht, gemacht.

Das bedeutete, die Frage nach den Geschenken blieb weiter ungeklärt. Ich wollte partout keine, bin in diesen Dingen etwas unflexibel bis verkrampft. Natürlich leuchtete mir irgendwann ein, dass die meisten Gäste ein Geschenk mitbringen würden, auch wenn mit Leuchtschrift auf der Einladung stand, dies wäre nicht nötig. Außerdem waren wir ja alle per Du, da passten Küsschen und Präsentchen schon dazu. Allmählich begannen meine Zweifel.

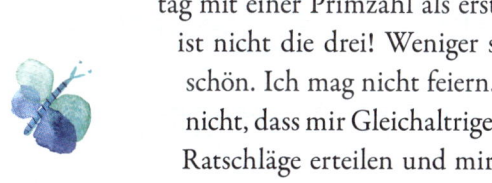
Ein runder Geburtstag, schön. Ein runder Geburtstag mit einer Primzahl als erster Ziffer, und es ist nicht die drei! Weniger schön. Gar nicht schön. Ich mag nicht feiern. Ich brauche das nicht, dass mir Gleichaltrige und noch Ältere Ratschläge erteilen und mir versichern, alles sei super, ab jetzt gehe es aufwärts. Oder so. Will ich nicht hören. Herr B. war zu dem Zeitpunkt schon voll auf dem Trip. Er wollte den Geburtstag,

unbedingt, coram publico, mit Catering und Geschenken und Ratschlägen und Songs von Johnny Cash und ähnlich alterslosen Gesellen. Nicht ich.

Ich wollte allein in einem Stüberl stehen an jenem Tag und ...

In diesem Moment wurde mir bewusst, dass die Feier, die Herr B. und ich planten, gar nicht an meinem runden Geburtstag stattfand. Sondern vier Monate später. Herr B. und ich wurden nämlich nicht am selben Tag geboren, bloß im selben Jahr, er im April, ich im Januar. Und DIE SACHE sollte im Mai stattfinden, natürlich nach seinem und damit unser beider Geburtstag. Sakra. Wo also ist mein Problem? Es wird ein Fest sein, alles bestens, jegliches innere Gedöns wird bis dahin vollständig verklungen und halbwegs vergessen sein. Oder nicht? Logisch. Aber ...

... Aber was tun am Tag des runden Geburtstags? Den gab es ja trotzdem. Im Stüberl stehen und schweigen – bis eine Minute nach Mitternacht und dann sehr breit das runde Jubiläum hinter sich lassen? Wäre möglich.

Ich entschied mich für einen Umtrunk in kleiner Runde und einer Kneipe in meinem Viertel – alles recht unscheinbar und angemessen. Am Nachmittag schaute ich mir auf DVD – ein kleines geheimes Geschenk an mich selbst – wieder einmal Woody Allens Tragikomödie „Verbrechen und andere Kleinigkeiten" an. Darin sagt der von sich selbst schwer eingenommene Produzent (Alan Alda) zu seinem Schwager (Woody Allen), dem er auf Bitten seiner Schwester einen Job verschafft hat: „Komödie ist Tragödie plus Zeit." Den Satz wiederholt er mehrmals vor seinen Studenten (vor allem: Studentinnen) und ist voll stolz auf seine Erkenntnis.

Am Tag meines Fünfzigsten dachte ich: Vielleicht hat der Kerl in dem Film ja recht. Und vier Monate später dachte ich: Was für ein lächerliches Drama im Vorfeld des runden Geburtstags mit all den bleiernen Gedanken angesichts des halben Jahrhunderts auf meinem Buckel.

Das Fest war lustig und schön, und Herr B. und ich freuten uns wie die Kinder über jedes Geschenk.

Josef Guggenmos

So ein Tag

Heut träume ich mir –
ich träum, was ich mag.
Heut träume ich mir einen schönen Tag.

Schau auf, sieh,
welch ein Gewimmel!
Briefe flattern vom Himmel:

Briefe für mich, dich, alle Leut.
In jedem steht was,
was den, der's liest, freut.
So ein Tag, so ein Tag, so ein Tag ist heut.

Ilija Trojanow

So viele Geburtstage, so wenige Tage oder: Der Wunschfluch

Über vieles wunderte ich mich als Kind, über Hüte, Bärte und hohe Mauern, über das Wort Glück, das meine Mutter ständig im Mund führte, mein Vater hingegen niemals benutzte, und über den Satz „Das kann man so nicht sagen" (gerade nachdem es so gesagt worden war), doch nichts verwunderte mich mehr als eine Märchenszene, die sich erstaunlich oft wiederholte. Wann immer einem Jungen oder einem Mädchen, einer Küchengehilfin oder einem Fischer, auf offener See oder vor dem Kamin, die Erfüllung eines Wunsches in Aussicht gestellt wurde, wunderten sich die Auserwählten, was sie der guten Fee antworten sollten. Und wählten meist das Falsche. Wie konnte es sein, dachte ich als Kind, dass sie alle nicht wussten, wonach ihnen der Sinn steht? Mir war hingegen völlig klar, was ich mir – gesetzt den Fall – wünschen würde: jeden Tag Geburtstag zu haben. Denn wirklich Spaß machte das Leben nur an diesem Tag, der Geburtstag war die Krönung des Jahres. Alle anderen Tage waren Watte und Pappe; an ihnen gab es bloß schrillende Wecker, trockenes Pausenbrot, verlorene Pullover und aufgeschürfte Knie. Der Geburtstag aber verwandelte den Knirps in einen Prinzen. Und das nicht allein wegen der vielen Geschenke, von denen man nächtelang träumte, sondern vor allem wegen der Aufmerksamkeit, die man erfuhr.

Kaum verkündete man, dass man Geburtstag hatte, schon stand man im Mittelpunkt. Selbst Fremde überschütteten einen mit Nettigkeiten: Am Kiosk bekam man einen Lutscher oder einen Comic geschenkt, im Café wurde einem ein besonders großes Stück Kuchen, im Restaurant ein besonders leckeres Gericht serviert. Wenn man doch nur die vielen überflüssigen Blätter des Kalenders auf einmal abreißen könnte, um täglich Geburtstag zu feiern: Wie oft hatte ich mir das insgeheim gewünscht ...

Ich musste also keine Sekunde lang nachdenken, als an meinem sechzehnten Geburtstag eine Fee erschien, in der Uniform einer Krankenschwester, denn mir war just der Blinddarm entfernt worden.

„Alles Liebe zum Geburtstag. Du hast einen Wunsch frei."

Ich nahm an, sie wolle ein Spiel mit mir spielen, um mich aufzumuntern und darüber hinwegzutrösten, dass ich an diesem Abend keine Party steigen lassen konnte, und so spielte ich mit.

„Dann wünsche ich mir, jeden Tag Geburtstag zu haben."

„Wird erledigt", sagte die Fee, lächelte mich an, flüsterte mir „Alles Liebe zum Geburtstag" zu, und ihre Lippen tupften einen Kuss auf meine Stirn, der für meinen Geschmack leider ein wenig zu mütterlich ausfiel.

Als ich am nächsten Morgen die Augen öffnete, erblickte ich auf dem Beistelltisch viele bunte Päckchen. Noch ganz schlaftrunken wunderte ich mich, dass ich am Vortag meine Geschenke nicht ausgepackt hatte, bis ich mich erinnerte, wie ich sie gierig aufgerissen und auch ausgiebig gewürdigt, sie am Abend aber meinem Vater mitgegeben hatte. Merkwürdig, dachte ich, warum hat Vater die Geschenke wieder eingewickelt und früh am Morgen, noch bevor er zur Arbeit geht, vorbeigebracht?

Ich richtete mich auf und packte das erstbeste aus. Zum Vorschein kam ein eleganter, kabelloser, schwarzer Kopfhörer. Überrascht suchte ich zwischen all den Päckchen nach einer Glückwunschkarte, denn es war gewiss keines der Geschenke vom Vortag. Doch nichts, ich fand nicht den geringsten Hinweis. Schon wollte ich zum Telefon greifen, um meine Eltern zu den verspäteten Geburtstagsgaben zu befragen, als einige Krankenschwestern hereinwehten, „Hoch soll er leben" auf den Lippen, während der Chefarzt mir feierlich eine CD überreichte, verpackt in Klarsichtfolie mit einer roten Schleife drum herum, und ganz zum Schluss drängelte sich noch die Reinemachefrau vor und drückte mir ebenfalls ein kleines Präsent in die Hand, einen aus Seife geschnitzten Smiley. Gewiss ein neuer psychologischer Trick, die Patienten aufzuheitern, überlegte ich, als mich später zwei der Krankenschwestern betüddelten, als wäre ich ihr Augapfel.

Kaum waren sie verschwunden, ging erneut die Tür auf, und meine Eltern kamen herein, um mich mit tausend Glückwünschen zu herzen. Eine Stunde später gesellten sich meine Geschwister hinzu und verkündeten mit zerknirschtem Hochmut: „Heute machen wir alles, was du möchtest." Da wurde mir mit einem Schlag klar, dass die Krankenschwester tatsächlich eine Fee und ihr Versprechen ernst zu nehmen war, und freudig lehnte ich mich zurück, bereit, die Erfüllung meines innigsten Wunsches zu genießen.

Euphorie, Glück und Entzückung, wochen-, monatelang. Zur Feier des Tages kochte mir meine Mutter täglich alles, was mein Herz begehrte, jeden Nachmittag stand eine andere Geburtstagstorte auf dem Kaffeetisch, selbst gebacken oder von der besten Konditorei der Stadt geliefert, ich bekam Karten geschenkt für die Konzerte meiner Lieblingsbands (und die Leadsänger wünschten mir „Happy Birthday!" von der Bühne herab), feierte mit meinen Klassenkameraden  wilde Geburtstagspartys in sämtlichen Discos der Stadt, wobei ich jede Menge Küsse von schönen und weniger schönen Mädchen erhielt, und war mit meinem Vater nicht nur beim letzten Heimspiel vor der Sommerpause, sondern auch beim ersten der neuen Saison, auf der Gegentribüne, mittig, da für das Geburtstagskind nur die besten Plätze gut genug waren. Ich erfreute mich an den meisten Geschenken, und doch fiel mir auf, dass ich manche beiseitelegte und schnell vergaß, es waren der Geschenke einfach zu viele, sodass ich irgendwann damit begann, das eine oder andere an meine Freunde weiterzuschenken, wenn sie Geburtstag hatten, und den Rest, fein säuberlich sortiert in Kisten verpackt, hinauf auf den Dachboden zu bringen.

Am Morgen nach meinem siebzehnten Geburtstag – dem wahren, dem Tag, an dem ich geboren war –, kam mir in den Sinn, dass es ganz angenehm wäre, mal ein paar Geburtstage ausfallen zu lassen. Nach dem Abitur würde ich zu einer Rucksackreise durch den Süden aufbrechen, dachte ich arglos, das ließe sich leicht bewerkstelligen: Ich musste Verwandten und Freunden bloß meine Reiseroute verschweigen.

Gedacht, getan: Am ersten Abend suchte ich mir in einer Stadt am Hang der Berge eine Jugendherberge und legte mich gut gelaunt in einem Saal mit zwanzig Betten schlafen. Am nächsten Morgen weckte mich ein vielstimmiger Chor. Mit vom Schlaf verklebten Augen erblickte ich die anderen Herbergsgäste, Japaner, Schweden, Holländer und Israelis, aufgereiht neben meinem schmalen Bett. Sie schmetterten „Happy Birthday", und kaum waren sie damit fertig, trat der Herbergsvater vor und überreichte mir ein schokoliertes Lamm, zusammen mit einer brennenden Kerze.

„Aber ... aber woher wissen Sie?", stammelte ich.

Der Herbergsvater strahlte. „Ihr Pass hat Sie verraten, junger Mann." Er reichte mir mein Dokument. „Sie würden staunen, wie häufig hier Geburtstag gefeiert wird."

Die Japaner, Schweden, Holländer und Israelis setzten sich auf mein unter der Last ächzendes Bett, und wir verspeisten gemeinsam das Lamm, wonach sie mir alle auf die Schulter klopften und sich aufmachten, die mittelalterliche Stadt zu erkunden.

Kaum waren sie weg, schlug ich meinen Pass auf. Tatsächlich: Die Fee hatte ganze Arbeit geleistet. Unter *date of birth* stand das Datum des heutigen Tages – es gab kein Entkommen.

So ging es weiter, von Feier zu Feier, Jugendherberge zu Jugendherberge, Stadt zu Stadt, Land zu Land. Mir blieb nichts anderes übrig, als mich in mein Schicksal zu fügen. Ein einziges Mal wagte ich noch, aufzubegehren, doch es gab keine Rettung vor den Geburtstagseiferern: Als ich behauptete, meinen Pass verloren zu haben, ließ man mich nicht in der Herberge übernachten und legte mir nahe, zur Polizei zu gehen. Dort hätten die Beamten nach Übermittlung meiner Daten garantiert das nächste Geburtstagsständchen intoniert.

So verging fast ein Jahr, und ich sehnte mich schon arg nach einem geburtstagsfreien Tag. Zum Studium zog ich in die Hauptstadt, weit von meinen Eltern entfernt. Die beiden ersten Tage waren sehr angenehm, ich kannte noch keine Kommilitonen, hatte noch keine Freundschaften geschlossen, und auch die Hausbewohner hatten noch nicht bemerkt, dass ein neuer Mieter eingezogen war, sodass meine Ruhe nur gestört wurde durch die Anrufe meiner Eltern, Geschwister, Onkeln und Tanten, Taufpaten und Schulfreunde.

Um einmal einen Morgen keine Glückwünsche entgegennehmen zu müssen, stöpselte ich eines Abends das Telefon aus, zog die Gardinen zu und drehte den Wohnungsschlüssel dreimal um. Voller wohliger Zuversicht schlief ich ein.

Am nächsten Morgen weckte mich ein beharrliches Pochen. Vor der Tür meines winzigen Apartments vernahm ich die Stimmen meiner Eltern. In der Annahme, sie würden aufgeben, wenn ich nicht reagierte, zog ich mir die Decke über den Kopf. Doch es half mir nichts: Irgendwann hörte ich meinen Vater aufgeregt mit einem Mann, vermutlich dem Hausmeister, debattieren und ihn bitten, Notarzt und Polizei zu rufen, da seinem Jungen mit Sicherheit etwas zugestoßen sei. Da blieb mir nichts anderes übrig, als ihnen die Tür zu öffnen, und resigniert nicht nur die erleichterten Glückwünsche meiner Erzeuger, sondern auch die des Hausmeisters entgegenzunehmen.

„Hast du irgendwelche Drogen genommen?", fragte meine Mutter mit aufdringlicher Besorgnis, und als ich unwirsch verneinte, fauchte mich mein Vater an, sie hätten extra den Nachtzug genommen, um mit mir meinen achtzehnten Geburtstag zu feiern, ich könne ja wenigstens etwas Freude heucheln. Der achtzehnte Geburtstag? Der süße Geschmack von Hoffnung breitete sich in meinem Mund aus: Vielleicht lag der Fluch der Fee ja nur so lange auf mir, wie ich achtzehn war? Bis zu meiner Erlösung hatte ich allerdings

noch, schnell rechnete ich nach, zweihundertachtund-
neunzig Geburtstagsfeiern zu ertragen.

Keinem anderen Geburtstag fieberte ich so entgegen wie
meinem wahren neunzehnten. Die Semesterferien hatten
gerade begonnen, und ich war zu Besuch bei meinen Eltern,
untergebracht in meinem alten Kinderzimmer.

Der Tag begann äußerst vielversprechend. Niemand weckte
mich mit schmatzenden Geburtstagsküssen, auf dem Nacht-
kasten lag kein Geschenkehaufen, und auch im Wohnzimmer waren keinerlei Anzeichen einer bevorstehenden
Feier zu entdecken. In der Küche trank mein Vater seinen
schwarzen Kaffee und sah kaum von der Zeitung auf, als
er mich mit einem „Na, schon auf, Sohnemann?" begrüßte.
Meine Mutter war noch im Morgenmantel und löffelte
geistesabwesend einen Joghurt, und kurz darauf saßen auch
meine Geschwister am Tisch und benahmen sich zum ersten
Mal seit zwei Jahren so, als wäre es ein Tag wie jeder andere, jeder war mit sich selbst beschäftigt, es war fast wie im
Paradies.

Etwas später verabschiedeten sich alle. Ich saß allein in
der Küche, aß mein viertes Toastbrot mit Honig und war
allerbester Laune. Gerade malte ich mir meinen Tag aus,
einen entspannten, von allen Feierpflichten befreiten Tag,
da wurde die Tür aufgerissen und meine Geschwister tru-
gen, im Mund Triller und Pfeifen, wie die drei Könige aus
dem Morgenland auf großen Tabletts ganze Berge von
Geschenken herein, gefolgt von meinen Eltern, die
irgendein Kinderlied sangen, in das ich als Einjähriger

angeblich ganz vernarrt gewesen war, und dazu laut in die Hände klatschten.

„Reingelegt!", schrie mein jüngster Bruder und stach mir mit einem Kochlöffel in den Rücken wie mit einer Pistole.

„Guck nicht so traurig", sagte meine Schwester, „du hast doch nicht im Ernst geglaubt, wir würden deinen Geburtstag vergessen?"

Ich war zu keiner Antwort fähig. Stumm starrte ich auf das Spektakel, während in mir alle Hoffnungen wie Sandburgen zerrieselten.

Ich blieb Sklave meiner täglichen Geburtstage. Schon im dritten Semester musste ich einen Tag pro Woche aufwenden, um die Geschenke meiner Familie, der Kommilitonen und Freundinnen loszuwerden, denn sie fanden kaum mehr Platz in meiner Studentenbude, und es kam mir vor, als würden sie mich erdrücken. Manchmal wurden daraus auch zwei oder gar drei Tage, je nach Geschenkelage.

Und es war wahrlich nicht einfach, mich von den Sachen zu befreien, selbst wenn sie neu und wertvoll waren. Die Antiquare winkten ab und baten mich, erst wieder in einem halben Jahr vorbeizuschauen, sie kämen mit dem Verkauf meiner Bücher nicht nach, und die Altkleidercontainer im näheren Umkreis meines Viertels quollen über, sodass ich mit der U-Bahn immer weitere Strecken fahren musste, um noch halbwegs leere Tonnen für meine prall gefüllten Plastiktüten zu finden. Ich gewöhnte mir an, stets mit einem Rucksack voller Geschenke aus dem Haus zu gehen, sollte ich einem Bettler begegnen. Manchmal stopfte ich auch Hemden, Hosen und Jacken in eine Plastiktüte, ging damit in einen der Läden einer großen Modekette und ließ die Tüte in einer Umkleidekabine oder zwischen zwei Kleiderstangen stehen. Einmal erwischte mich ein Hausdetektiv noch in der Fußgängerzone, keine fünfzig Meter vom Ausgang entfernt, und drückte mir die vermeintlich vergessenen Einkäufe wieder in die Hand.

So zog sich mein Studium in die Länge – zumal es sehr schwierig war, konzentriert zu studieren, wenn man tagtäglich gefeiert wird.

Mit den Jahren erarbeitete ich mir eine gewisse Routine, die das Leben halbwegs erträglich machte. Das änderte sich mit meinem siebenundzwanzigsten – wahren – Geburtstag, als ich eine tolle Stelle in einem renommierten mittelständischen Unternehmen ergatterte und sich schon bald eine steile Karriere abzuzeichnen begann. Von Anfang an war ich in der Firma sehr beliebt, nicht zuletzt, weil ich jedem zum Geburtstag ein großzügiges Zeichen meiner Wertschätzung überreichte. Die Kollegen ließen sich jedoch ebenfalls nicht lumpen: Zur Feier meines Geburtstags legten sie zusammen und beschenkten mich reich, ja, schlimmer noch, am Nachmittag organisierten sie eine Feier mit Champagner und Häppchen, auf der ein jeder mit mir anstoßen wollte, und am Abend lud der Firmeninhaber mich sowie einen kleinen Kreis bevorzugter Mitarbeiter in ein Drei-Hauben-Restaurant ein, wo zu jedem Gang ein anderes Glas Wein kredenzt wurde, sodass ich betrunken nach Hause wankte, Tag auf Tag, Woche auf Woche. Sobald die Probezeit um war, nahm ich meinen ganzen Jahresurlaub (drei Wochen in einem Trappistenkloster), um nicht zusammenzubrechen, und nach meiner Rückkehr bestand ich darauf, unsere auswärtigen Kunden persönlich aufzusuchen – vorgeblich, um mich mit der Auftragslage vertraut zu machen –, um auf diese Weise so selten wie möglich in der Firma zu sein.

Das verschaffte mir ein wenig Erleichterung, wenn auch nicht so viel, wie ich erhofft hatte: Wenn ich im Büro war, knallten die Champagnerkorken weiterhin, die festlichen Abendessen ließen mich morgens nur sehr schwer aus dem Bett kommen, die Qualität meiner Arbeit ließ nach, Nachlässigkeiten schlichen sich ein, und mir unterliefen einige grobe Schnitzer, die dem Unternehmen teuer zu stehen kamen, worauf die Einladung des Firmeninhabers ausblieb, ich dafür aber in der nachfolgenden Woche die Kündigung erhielt.

Ich hätte mir einen anderen Arbeitsplatz suchen können, doch zu welchem Zweck? Egal, in welcher Branche ich tätig wäre, neben einem anstrengenden Job täglich feiern zu müssen würde mich früher oder später zermürben. An meinem dreißigsten Geburtstag (dem wahren) beschloss ich deshalb, mich selbstständig zu machen, im Hauptberuf fortan Geburtstagskind zu sein. Meinen Eltern gaukelte ich vor, zur Universität zurückgekehrt zu sein, um eine Dissertation zu verfassen. An Heirat oder die Gründung einer Familie war unter diesen Umständen nicht zu denken, meine Liebschaften waren allesamt nur Eintagsfliegen. Ich steckte in einem Dilemma, aus dem es keinen Ausweg gab.

Leider ließ sich die Fiktion der Dissertation nur einige Jahre aufrechterhalten. Um meinen Eltern nicht das Herz zu brechen, blieb mir nichts anderes übrig, als auszuwandern (alle Geschwister waren inzwischen diplomiert und standen erfolgreich auf eigenen Beinen, was sie keineswegs daran hinderte, mich reich zu beschenken). Die beiden waren zwar traurig, freuten sich aber über die wunderbaren Aufstiegschancen, die mir die angeblich durch einen meiner universitären Kontakte vermittelte Direktorenstelle in Argentinien bieten würde.

Natürlich gab ich mich nicht der Illusion hin, in der Neuen Welt vor meinem Geburtstagsfluch in Sicherheit zu sein. Bereits am Flughafen lächelte mich der Einreisebeamte beim Betrachten meines Passes breit an und rief laut „*¡Felicidades!*", woraufhin sich ein erstaunlicher Tumult erhob, da alle in der Warteschlange hinter mir in unzähligen Sprachen Glückwünsche ausriefen. Immerhin konnten mir meine Eltern, Geschwister und Freunde keine allzu großen Geschenke mehr schicken; sie begnügten sich mit täglichen Glückwunschbriefen – die natürlich um zwei Wochen zeitversetzt ankamen – und hin und wieder einem Paket, oder sie überwiesen mir eine gewisse Summe, damit ich mir einen schönen Abend machen oder etwas für meine schicke Wohnung in Recoleta kaufen konnte, die ich mir angeblich leistete. Als meine Eltern ihren Besuch ankündigen, musste ich eine derartige Wohnung kurzfristig anmieten. Da meine Eltern ganze zwei Wochen blieben, war sie danach vollgestapelt mit Turnschuhen, GPS-Geräten, Wollmützen und Gesamtausgaben von Borges und Cortázar – die ich nach ihrer Abreise dem Heer von *cartoneros* vermachte, den Kartonsammlern, die die argentinische Hauptstadt jede Nacht für ein paar Pesos vom Papiermüll befreiten.

Abgesehen von solch seltenen Besuchern aus der alten Heimat verkehrte ich mit möglichst wenigen Menschen, weil jeder neue Bekannte nach ein paar Tagen zu einem aggressiven Schenker wurde. Ich lebte immer zurückgezogener, reduzierte meine sozialen Kontakte auf ein Minimum, und als mir selbst dies nicht die immer dringlicher ersehnte Ruhe garantierte – Nachbarn, Vermieter, Barkeeper können von penetranter Aufdringlichkeit sein –, kehrte ich Buenos Aires den Rücken und zog nach Patagonien.

Ich reagierte inzwischen allergisch auf das Wort „Geburtstag", schrie jeden an, der mich beglückwünschte. Doch die Schäfer aus der Umgebung störte das keinen Deut. Tag für Tag kamen sie mit ihren Jeeps vorbei, um mir Selbstgebackenes oder Selbstgeschlachtetes zu schenken, und da wurde mir klar, dass es nur einen einzigen Ausweg gab: Ich musste jegliche Gesellschaft hinter mir lassen.

Fünf Geburtstage später war ich wieder an der Küste, absolvierte mehrere Segelkurse, kaufte mir einen Einmaster und brach auf. Der Atlantik war gewiss groß genug, um darin spurlos zu verschwinden.

Auf hoher See war ich dann frei. Nur wenn ich mich in irgendeinem Hafen mit Proviant versorgen musste, behelligte man mich mit Glückwünschen, aber alle zwei Monate einmal „Happy Birthday" zu hören war gerade noch erträglich. Das Meer feierte mich nie, die Natur nahm mich kaum wahr, abgesehen von Zugvögeln, die sich gelegentlich auf meinem Mast niederließen.

Es hätte noch zehntausend Geburtstage lang so weitergehen können. Doch heute Morgen hat mich der Fluch wieder eingeholt. Bald nach Sonnenaufgang hielt ein Containerschiff auf mich zu, ein Motorboot wurde zu Wasser gelassen, darin zwei Männer, die mir mit weit ausholenden Bewegungen winkten.

Ihre Gesichter strahlten, als das Boot beidrehte.

„Was für ein wunderbarer Zufall, dass wir Sie ausgerechnet heute finden!", rief der ältere der beiden Matrosen und schaute demonstrativ auf seine Uhr. „Genau an Ihrem Vierzigsten! Man hat uns Post und Geschenke für Sie mitgegeben, ich war ja skeptisch, ob sich unsere Wege kreuzen würden, aber man sagte uns, Sie seien in diesen Gewässern unterwegs. Herzlichen Glückwunsch!"

Worauf sein Kollege mir mit jovialer Geste zuerst einen Postsack zuwarf und danach so viele Pakete, dass mein Boot am Ende gefährlich tief im Wasser lag.

Nachdem sie sich verabschiedet haben, offensichtlich enttäuscht, nicht zu einem Whiskey oder Schnaps zu Ehren meines runden Geburtstages eingeladen worden zu sein, sitze ich nun wie betäubt am Ruder und betrachte die vielen Glückwunschkarten von all den Menschen, die ich jemals gekannt habe, von meiner Familie, ehemaligen Lehrern und Professoren, von Freundinnen, Sportkameraden, all den Herbergsvätern im Süden, ja sogar von dem Firmeninhaber, der mich vor zehn Jahren gefeuert hat. Ich lese jede dieser Karten und jeden dieser Briefe, hebe die Glückwünsche dann hoch und übergebe sie einzeln dem Wind. Sie flattern davon, schweben eine Weile über dem Ozean, fallen in die Fluten und treiben auf den Wellen dahin.

Das letzte Schreiben, das ich aus dem Postsack ziehe, stammt von der Krankenschwester (ihr Foto klebt statt einer Briefmarke auf dem Umschlag). „HAST DU GENUG GEFEIERT?", steht auf dem Blatt in großen Lettern, sonst nichts. Auf der Rückseite ist mit Bleistift in klitzekleinen Buchstaben geschrieben: „Wenn ja, zieh Dich aus und spring ins Wasser. Keine Sorge, Du wirst gerettet werden."

Das werde ich gleich tun, was habe ich schon zu verlieren? Zuvor will ich diese Geschichte aufschreiben, damit sie dokumentiert ist, falls ich doch nicht aufgefischt werde oder mich nach meiner Rettung an nichts mehr erinnern kann. So ergeht es, wenn ich mich recht entsinne, den meisten Märchenfiguren, die lange darüber nachgrübeln, was sie sich wünschen sollen.

Sławomir Mrożek

Das neue Leben

Ich beschloss, ein neues Leben zu beginnen. Entschieden und unwiderruflich. Blieb nur die Frage: Ab wann?

Die Antwort ließ keine Zweifel offen: Ab morgen.

Als ich am nächsten Tag aufwachte, stellte ich fest, dass ja wieder heute ist, genauso wie gestern. Da ich mein neues Leben morgen beginnen wollte, konnte ich heute kein neues Leben anfangen.

„Noch ist nichts verloren", dachte ich mir. „Morgen wird ebenfalls morgen sein." Und ich verlebte den Tag ruhig, wie immer auf die alte Weise. Nicht nur ohne Gewissensbisse, sondern voller guter Gedanken und gesteigerter Hoffnungen.

Aber was sollte ich machen, als am nächsten Tag wieder heute war, ähnlich wie gestern und vorgestern?

„Das ist nicht meine Schuld", dachte ich, „dass irgendein Teufel immer das Morgen in heute verwandelt. Mein Beschluss ist einwandfrei, unwiderruflich. Versuchen wir es noch einmal, vielleicht wird der Teufel müde, und morgen wird endlich morgen sein."

Leider war es nicht so. Immer nur heute und heute. Schließlich verlor ich die Hoffnung. „Dieses Morgen wird nie kommen", dachte ich. „Angesichts dessen könnte man das neue Leben nicht von morgen an, sondern von heute an beginnen." Ich durchschaute aber sofort die Absurdität dieses Gedankens. Denn wenn sich dieses Heute unveränderlich schon seit ewigen Zeiten wiederholt, dann ist das schon sehr alt, und jedes Leben heute muss auch alt sein. Ein neues Leben ist ein neues Leben, möglich ist es nur von Neuem, also von morgen an, wenn es ein wirklich neues Leben sein soll.

Und ich ging mit dem ganz starken Vorsatz schlafen, dass ich von morgen an ein neues Leben beginne. Denn trotz allem gibt es doch immer irgendein Morgen.

Cool

Einige Tage vor meinem letzten Geburtstag... Oh, nein, bitte, lieber Gott, lass es nicht meinen letzten Geburtstag gewesen sein!

Also noch mal.

Einige Tage, bevor ich 46 wurde, bekam ich ein Paket. Legte es in die Küche. Dort entdeckte Luis es am Morgen.

„Papa, was ist in dem Paket?"

„Wahrscheinlich ein Geburtstagsgeschenk für mich."

„Darf ich es aufmachen?"

„Nein, das machen wir an meinem Geburtstag auf."

„Wann ist dein Geburtstag?"

„Noch dreimal schlafen."

„Oooooooh ..."

„Du musst dich jetzt anziehen. Wir müssen in den Kindergarten. Zieh den Pyjama aus und diese Hose hier an!"

Seine Stimme wechselte von einer Sekunde auf die andere die Tonlage und bekam etwas Kreischendes.

„Nein!", schrie er. „Nein! Diese Hose ziehe ich nicht an!"

„Warum nicht? Du hast sie immer angezogen."

„Nein! Ich ziehe sie nicht an!" Er brüllte jetzt.

„Und warum nicht?"

„Sie ist nicht cool!" Er schrie es.

Das gibt's nicht, dachte ich: Er ist sechs und sagt cool.

„Und welche Hose willst du dann?"

„Die braune."

„Die ist in der Wäsche."

„Dann ziehe ich gar nichts an."

„Dazu ist es zu cool draußen."

Ich sah nach, was noch für Luis-Hosen im Schrank lägen. Paola kam zur Wohnungstür herein. Sie hatte die Zeitung geholt. Gestern Abend war sie im Kino gewesen. „Du musst den Soderbergh-Film sehen!", rief sie. „Mit Brad Pitt und George Clooney und Julia Roberts. Sie sind, wie soll ich sagen?, ich finde kein anderes Wort, sie sind alle so cool."

„Jetzt fängst du auch an", sagte ich.

„Womit?"

Ich sagte, dass ich was gegen Modewörter hätte, voll und geil und cool, immer die gleichen Wörter, jeder Sechsjährige ersetze „sehr" durch „voll": voll schön, voll cool, voll geil. Wahrscheinlich bekomme man in der Schule statt „Sehr gut" bald ein „Voll gut". Mich ärgerte die Gedankenlosigkeit im Umgang mit der Sprache, dieses reduzierte Vokabular und die Art, wie sich Wörter abnutzen und jeden Zauber verlieren, sagte ich.

„Das ärgert mich auch", sagte Paola. „Aber darum geht es nicht. Es geht darum, dass du in diesem Film das Wort cool

sozusagen auf der Leinwand sehen kannst. Du siehst die Inkarnation des Begriffs cool. Vor allem bei Clooney."

„Cooley", sagte ich. Vor einer Weile hatte ich ein philosophisches Buch über Cool gelesen, von Ulf Poschardt – schon wegen Bosch, meinem sehr alten Kühlschrank und Freund, hatte ich es gelesen, ich fühle mich zur Weiterbildung verpflichtet. Ich hatte aus dem Buch gelernt, dass Coolsein eine riesige kulturgeschichtliche Dimension habe, dass auf irgendwie coole Weise die russischen Konstruktivisten, Kafka, James Dean, Bogart, Nietzsche und Beuys und fast alle anderen miteinander in Verbindung stünden. Coolness, sagte der Autor, sei eine Haltung, die den Menschen ermögliche, mit der gesellschaftlichen Kälte zu leben, statt in ihr zu erfrieren, ja, den „Eiswinden der Entfremdung zu trotzen". Sehr klooges Booch, Oolf!

Ich kam mit einer anderen, möglicherweise coolen Hose in die Küche zurück, einer gefütterten Hose, die meinem Sohn ermöglichen würde, sich in den Eiswinden der Entfremdung schadlos zu bewegen. Aber Luis war nicht in der Küche. Mein Paket auch nicht. Ich fand beide im Wohnzimmer. Luis saß vor dem Paket und starrte es an.

„Ist diese Hose cool genug, Loois?", fragte ich.

„Ja, okay", sagte er. „Kann ich das Paket aufmachen?"

„In drei Tagen", sagte ich. „Und jetzt die Hose!" Er zog sie an.

„Was ist das eigentlich – cool?", fragte ich ihn.

Er zuckte die Achseln. Wandte den Blick nicht vom Paket. Ein Blick von teilnahmsloser Gespanntheit. Er konnte an nichts anderes mehr denken als an den Inhalt dieses Paketes. Er überlegte, wie er es aushalten könnte, dieses Paket jetzt nicht zu öffnen. Wie er cool genug sein könnte. Dann sagte er:

„Vielleicht ist das, was da drin ist, cool." (Ich legte das Paket auf den Schrank. An meinem Geburtstag durfte Luis es öffnen. Es war Champagner drin. Ich legte die Flasche in den Bosch hinein, und als sie schön cool war, tranken Paola und ich sie aus.)

Kurt Tucholsky

Der Zeitsparer

Am 27. Februar 1926 war es so weit. – Die Herren in weißen Laboratoriumsmänteln erfüllten den großen Raum, be-
wegten sich unruhig, lachten, gestikulierten und sprachen
aufgeregt durcheinander. Denn sie hatten zwei Stunden re-
gungslos gehorcht, abwechselnd auf den ungefügen Apparat
gestiert, der in der Mitte des Hörsaales stand, und auf den
kleinen Mann, der leichenblass auf einem Stühlchen saß und
mit leiser Stimme Erläuterungen gab ...
Der deutsche Professor Gottlieb Friedrich Waltzemüller
hatte den Zeitsparer erfunden.
Der Apparat hob die Zeit auf. Er war gar nicht so kompliziert, und wenn Sie Ihrerseits aufs Patentamt gehen, werden
Sie sehen, dass ich recht habe: denn da bekommen Sie die Er-
klärung zu dem Ding, das aussah – damals, heute sind sie ja
anders – wie ein zugedecktes Bett aus Stahl. Man legte sich
hinein, und was man da an Zeit ersparte – denn drinnen liefen ja die Uhren nicht, nicht die elektrischen und nicht die
Sanduhren –, das konnte man beliebig irgendwo in seinem
Leben wieder ankleben und einfügen – wo man es gerade
brauchte ...
Das gab ein Hallo! Mit dem Herumtrödeln auf der Erde war
es auf einmal vorbei. Niemand hatte mehr Zeit zu verlieren.
Die Redensart: „Ich habe keine Zeit" wurde Formel für den
Offenbarungseid, und es war ganz erstaunlich, wie sich die

Menschen beeilten, um mit den nötigsten Obliegenheiten fertig zu werden. Sie sparten! Keiner tat noch etwas anderes, als im Eiltempo die wenige Nahrung zu sich zu nehmen und sich dann befriedigt in den Apparat zu packen. Da drinnen sparte er nun Zeit und legte sie auf die hohe Kante. Wer ging noch spazieren? Wer hatte noch Augen zu sehen, was auf der Welt vor sich ging? Sie lasen nicht, sie liebten nicht, sie freuten sich nicht mehr – sie sparten.

So lagen die Dinge, als sich eine seltsame Nachricht auf der Erde verbreitete. Bei München, hieß es, lebe ein Mann, der spare überhaupt keine Zeit! Hat man je so etwas gehört! Er sei Menschendoktor und heiße Bruck. Dr. Bruck ...

Einige reiche Leute – denn die andern hatten ja keine Zeit – machten sich auf, diesen Unmenschen zu sehen. Wahrhaftig: Als sie sich dem kleinen Anwesen näherten, rauchte da ein Mann mit einem Spitzbart eine Pfeife, eine lange Pfeife [...] Der Mann paffte behaglich und stieß die Rauchwölkchen in die warme Sommerluft, in der sie, hellblauen Gazeschleiern vergleichbar, langsam nach oben entschwebten ... Und dieser Mensch verfolgte ihren Aufstieg zufrieden, und wenn eins verflogen war, schickte er ein anderes nach und mochte sich so an diesem Wolkenspiel schon eine ganze Weile erfreut haben. Und nicht genug damit: Er zündete sich die Pfeife, als sie ausging und nicht gleich brennen wollte, dreimal hintereinander an. Da brannte sie. Ja, war er denn toll ...? Es schien so. Denn als der reiche Münchner Engrosschlächter Mauermeier sich dem Mann eilig prustend, um nicht zu viel Zeit zu verlieren, in das Gesichtsfeld schob, da sagte der:

„Grüß Gott!", sagte er und dann mummelte er so recht behaglich an seiner glimmenden Pfeife. Und ehe der Mauermeier sich noch recht erholt hatte, fuhr der Doktor fort: „Ja, wollen wir nicht ein kleines Spaziergängchen machen? – Da seht doch nur, wie hübsch grün schon das wellige Gras ist, über das der Wind läuft, und da drüben die Höhen, auf die ich jetzt zuschreiten will, sind schon durchsichtig bläulich, und das ist ein gutes Zeichen fürs Wetter."

Da nahm sich der Mauermeier die Zeit – denn er hatte es dazu und konnte es sich leisten, Gott sei Dank! –, da nahm er sich die Zeit, ganz schnell einmal zu sagen: „Einsperren sollt man Eahna, Herr Nachbar, z'wegen Verschwendung!" – und schob eilig laufend, in der Richtung zum Bahnhof, ab, um den Zug nach München nicht zu verpassen, damit er gleich wieder weiter sparen könne ...

Der Doktor aber stand fröhlich lächelnd auf, ergriff das Stöckchen, das ihn auf allen Wegen begleitete, und durchschritt den sauberen, stillen Ort, darinnen er wohnte, besah sich voll guten Mutes die breiten Straßen und die niedrigen Häuser und das achteckige Türmchen auf dem Wirtshaus. [...] Das überdachte der Doktor [...] und stand schließlich nicht ab, unterwegs im besten Schmauchen ein kleines Poem zu verfertigen, in dem alles darinnen stand: Wie schön doch das bisschen Leben sei, und wie man nur einmal auf die Welt gesetzt werde, und wie er für seine Person auf alle Mauermeiers und Zeitsparer pfeife.

4. August
Auszug aus: Nein, ich möchte
keine Kaffeefahrt!

Komme gerade vom Klassentreffen zurück, das Marion organisiert hatte. Großer Gott, was für eine Truppe! Das Komischste ist, dass wir uns alle vor fünfzig Jahren zum letzten Mal gesehen haben, uns aber genauso fühlten wie damals mit zehn oder elf. Falten, graue Haare, Schwimmringe – spielte alles keine Rolle.

Waren zu acht bei Marion – ideal für ein Klassentreffen, weil schon ihr Haus die reinste Zeitreise ist. Marion interessiert sich seit Beginn der Siebziger nicht mehr für moderne Inneneinrichtung oder neue Tapetenmuster. Auf ihren Fensterbänken stehen alte Grünlilien und vertrocknete, eingestaubte Blumensträuße. In jedem Zimmer hat sie so eine runde (und teilweise auch schon eingerissene) Japanlampe aus einstmals weißem Papier, und an den Wänden hängen zwischen indianischen Wandteppichen Poster von Che Guevara und Dalí-Gemälde in Cliprahmen. Auf dem Boden liegen grausige Bastteppiche, die damals toll aussahen, aber heute völlig niedergetreten und an den zerfaserten Stellen mit Isoband geklebt sind. Sogar die Seife im Badezimmer ist so vertrocknet und von schmutzigen Rissen durchzogen, als läge sie schon seit zwanzig Jahren dort.

Doch Marion ist ein Schatz, und sie ist zwar als Köchin kein Naturtalent, servierte uns aber dampfende Suppe mit selbst gebackenem Brot und pappigen Nudelsalat. Ich hatte viel Wein mitgebracht, und so hielten wir in der Küche an dem wackligen Kiefernholztisch, einem weiteren Relikt aus den Sechzigern, ein Gelage ab. Marion und Tim sind nicht geizig oder so. Essen ist für sie eben Nebensache; Freunde, Gefühle und Bücher sind viel wichtiger. Was irgendwie charmant ist, aber deshalb hat man immer ein etwas bleiernes Gefühl im Bauch, wenn man bei Marion gegessen hat.

Verblüfft starrten wir alle auf die Fotos von unseren erwachsenen Kindern, die inzwischen viel älter waren als wir selbst bei unserer letzten Begegnung. Und als wir alle auf die Bilder glotzten, die Marion vor dem Essen auf dem Tisch ausgelegt hatte, befand ich mich ganz plötzlich wieder in unserem Klassenzimmer. Fehlten nur die ramponierten Schulbänke. Obwohl wir nun alle nach Deos und Duftwässerchen rochen, hatte ich den vertrauten Geruch von Bleistiftspänen, saurer Milch und ungewaschenen Haaren in der Nase. Wir kicherten, als wir uns erinnerten, wie uns vor dem alten österreichischen Musiklehrer gegraust hatte, seufzten traurig, als wir darüber sprachen, dass Mrs Leach gestorben war („Aber wusstet ihr, dass sie *Alkoholikerin* war?"), und spekulierten darüber, ob Mr Hitchin nun schwul war oder nicht. Es hat etwas ungeheuer Entspanntes, mit Menschen aus der Kindheit zusammen zu sein, auch wenn man sie seither nicht mehr gesehen hat. Denn obwohl wir natürlich von unseren Lebenserfahrungen geformt und verändert werden, bleiben wir doch im Wesentlichen dieselben. Gilly, unsere Spielleiterin beim Netzball, trug jetzt keine Turnhose mehr, sondern ein Designerkostüm, stürmte jedoch noch genauso schwungvoll ins Haus wie eine leidenschaftliche Sportlerin. Und Emily, unser Superhirn, beschäftigte sich jetzt hauptsächlich mit Marmeladekochen, ist aber immer noch die Einzige, die sich an die Namen aller Mitschülerinnen und auch noch an die Namen von deren Eltern oder Kindermädchen und sogar an unsere Geburtstage erinnern kann.

Ein erfolgreiches Klassentreffen ist wie eine Familienfeier. Es heißt, dass unsere Familien uns vom Schicksal gegeben werden, doch unsere Freunde suchen wir uns selbst aus. Aber Schulfreunde werden uns auch vom Schicksal zugeteilt, denn über unsere Klassen können wir nicht bestimmen. Wir wurden einfach zusammengewürfelt und mussten miteinander auskommen, ob uns das nun passte oder nicht.

Ich kenne niemanden, der seine einstige Schule mag, und das galt auch für uns. Dennoch war unsere Schule im Vergleich mit den Erfahrungen anderer erstaunlich zivilisiert. Das Essen war ungenießbar, und für einhundertvierzig Mädchen standen nur zwei Toiletten zur Verfügung, doch sie war nach den liberalen Ideen von Fröbel ausgerichtet. Es gab keine Strafen außer Antreten bei der Direktorin, und wir durften die Lehrer mit Vornamen ansprechen.

Dennoch waren wir uns damals einig in unserer Ablehnung des Schulsystems als solchem und tolerierten deshalb noch die unerträglichsten Eigenschaften unserer Mitschülerinnen – was man als Erwachsener meist nicht mehr hinbekommt.

Marion schoss schließlich den Vogel ab. Sie konnte es nicht lassen, ihren alten Wasserkrug-Trick mit mir abzuziehen, was damit endete, dass ich klatschnass war. Aber da ich um den Zustand von Marions Stühlen wusste und nicht selten auf Honig- und Marmeladenklecksen gesessen hatte, während meine Ellbogen auf dem Tisch in Joghurtpfützen ausglitschten, hatte ich nicht meine schicksten Sachen angezogen, und es entstand kein größerer Schaden.

Immer wieder wurde gekreischt: „Du siehst aus wie früher!" Und ich bekam zu hören: „Aber du, Marie, du siehst wirklich total aus wie früher!" Deshalb beschloss ich, mein Facelifting zu gestehen, worauf alle Stifte und Notizbücher zückten und inständig um die Daten von Mr P baten. Sehr vergnüglich.

Gegen vier verabschiedeten wir uns mit großen Umarmungen und Küsschen, als würden wir uns nie mehr wiedersehen. Was unter Umständen eben auch der Fall sein wird.

Thomas Gottschalk

Everybody hurts
R.E.M.

In dem für mich typischen Planungswahn
hatte ich den Beginn meines Daseins als alter
Mann auf den sechzigsten Geburtstag festgelegt.
Also suchte ich im Mai 2010 die mönchische Ab-
geschiedenheit des Gasteinertals und inszenierte die ganz
große Zäsur. Allein wollte ich dem Elend des Altwerdens
ins Auge blicken. Ich hatte mir eine idyllische Berghütte im
Blockhausstil vorgestellt. Die gibt es aber nur in Heimatfil-
men, und ich fand mich in einer Wellblechbutze auf einer
tropfnassen Bergwiese wieder.
Von Aussicht konnte im kalten Frühjahrsnebel keine Rede
sein. Die paar Krüppelkiefern, die ich in der grauen Suppe
ausmachen konnte, hätten auch im Ruhrpott stehen können,
und mich wärmte kein Kaminfeuer, sondern ich stolperte
über einen Radiator auf Rädern. Meine Bereitschaft, mich
einer misslichen Lage anzupassen, statt sie zu beklagen, hat
mir zwar oft den Vorwurf eingebracht, ich könne mir jeden
Dreck schönreden, war aber in meinem Leben immer hilf-
reich. Nach kurzem Hadern fand ich die Umgebung dem
Anlass also durchaus angemessen. Ich würde den einsamen
Exorzismus in passendem Ambiente durchziehen und mich
den bösen Geistern, vor denen ich lange genug geflüchtet
war, endlich kampflos ergeben.

Am nächsten Morgen erwachte ich, wie geplant, als alter Mann. Auf den hatte ich mich eingestellt, und ich war der Erste, der ihn sehen wollte. Ich stolperte ins kalte Badezimmer, aber aus dem Rasierspiegel starrte derselbe stoppelige Kerl zurück, der sich gestern ins Bett gelegt hatte. Nichts war anders. Alles war wie immer. Die Götter hatten darauf verzichtet, mir den Ernst der Lage ins Gesicht zu zeichnen. Ich sah aus wie immer und fühlte mich wie immer. Das war der Beweis, ich war zu ewiger Jugend verdammt: forever young. Mit diesem Schicksal konnte ich leben. Das Thema Alter hatte sich für mich vorerst erledigt und war auf einen unbestimmten Tag verschoben.

Der kam eher, als mir lieb war, sechs Jahre später. Es war passenderweise ein Aschermittwoch, an dem mir das Schicksal das Kreuz der Hinfälligkeit auf die Stirn zeichnete. Und auch der Ort war angemessen.

Ich war Gast des berühmten Dormitio-Klosters auf dem Berg Zion. Einer der Benediktiner-Patres führte mich durch die verschiedenen Viertel der Altstadt Jerusalems und erklärte mir deren komplizierte Geschichte. Wir waren für den nächsten Tag wieder verabredet, es hatte in der Nacht geregnet, und ich war gerade dabei, mir eine Tasse Kaffee zu besorgen. Vor dem Hotel rutschte ich auf den feuchten Pflastersteinen aus und krachte ziemlich unglücklich mit dem ganzen Körper auf mein linkes Bein. Ich lag hilflos auf dem Schotter der heiligen Stadt wie weiland unser Herr Jesus.

Wenn in Jerusalem heute jemand auf dem Gehsteig liegt, befürchten Umstehende oft einen terroristischen Anschlag.

Eine Dame kreischte, ein paar Passanten gingen in Deckung, und mir war das alles in erster Linie peinlich. Nach kürzester Zeit hielt ein Polizeiwagen mit heulender Sirene, und ich versicherte den Beamten glaubwürdig, dass ich über meine eigenen Füße gestolpert war. Ein hilfreicher Samariter half mir aufs rechte Bein – das linke war ganz offensichtlich nicht mehr benutzbar – und bugsierte mich zurück ins Hotel. Ich hatte, wie jeder deutsche Spitzenathlet, die Telefonnummer von Dr. Müller-Wohlfahrt in der Tasche, rief ihn an und wurde umgehend zu einem Fachmann nach Tübingen zur Diagnosefindung beordert.

Am Flughafen winkte ich den deutschen Touristen aus dem Rollstuhl zu, und an Bord des Flugzeugs behandelte man mich wie einen Schwerverletzten. Ich wurde in einer leeren Reihe quergelegt und musste mehrfach versichern, dass künstliche Ernährung nicht erwünscht war. Nach der Landung in Frankfurt musste ich warten, bis sie alle Passagiere beim Aussteigen mit den besten Wünschen und einem Selfie von mir verabschiedet hatten. Auch ein paar Japaner.

Der Sanitäter im Rotkreuzwagen sagte: „So kennt man Sie gar nicht." Obwohl ich im Liegen ziemlich genauso aussehe wie im Stehen, wusste ich, was er meinte. Wer sonst im Gehrock mit geföhnter Tolle die Showtreppe runtertanzt, wirkt in einem Krankentransport hochgradig deplatziert. Ich bin es gewohnt, überall mit Komplimenten empfangen zu werden. Mich freuen auch die verlogenen. Es war also ein doppelter Tiefschlag, dass die Krankenschwester in der Notaufnahme nicht „Oh, der Gottschalk!" ausrief, sondern „Ach

Gottchen!" sagte. Der Tonfall war neu. Den hatte ich zum letzten Mal beim Kinderarzt gehört. Der Professor, drunter mache ich es mittlerweile nicht mehr, bestätigte Müller-Wohlfahrts Ferndiagnose: Der Quadrizeps war gerissen.

Hier vielleicht eine kleine anatomische Anmerkung. Wer jetzt denkt, warum macht der Mann so ein Gegacker um einen Bänderriss, den muss ich zur Ordnung rufen. Der Bänderriss ist ein relativ häufiger Sportunfall, der mich nicht aus der Bahn geworfen hätte. Als meine Frau bei unserem ersten gemeinsamen Skiausflug mit einem gerissenen Band im Innenknie auf der Piste lag, habe ich ihr aufgeholfen und bin mit einem munteren „Das schaffst du schon!" ihr voraus ins Tal gewedelt. Das wirft sie mir heute noch vor. So viel zum Bänderriss.

Der Quadrizeps ist eine ganz andere Geschichte, die Sie gerne bei Wikipedia nachschlagen können: Der Musculus quadriceps femoris (lateinisch für „vierköpfiger Oberschenkelmuskel" oder „vierköpfiger Oberschenkelstrecker") ist ein Riesenlappen, der in den seltensten Fällen reißt. Reißt er doch, ist das Bein unbenutzbar. Es liegt herum wie ein nasses Steak, und man muss um Hilfe bitten, wenn man es bewegen will. Oder man hüpft wie Rumpelstilzchen auf einem Bein durch die Gegend, dabei tut das andere aber höllisch weh. Danach war mir nun wirklich nicht zumute.

Ungern und ausführlich musste ich mir anhören, dass ich „immerhin schon Mitte sechzig" und mein Quadrizeps wohl schon „ziemlich abgenutzt" sei. Ich habe keinen meiner Geburtstage verpasst und durchaus mitgezählt. Aber muss man

mir das so unsensibel hinreiben? Meine Stimmbänder waren auch schon Mitte sechzig, ich hatte sie nie geschont, und sie waren immer noch top.

Ich widme meinem linken Knie das erste Kapitel dieses Buches, weil es in meinem Leben als gut gelauntes, schrill gekleidetes, fröhliches Perpetuum mobile einen Wendepunkt einleitete. Auf einer spartanischen Liege in der gekachelten Notaufnahme der Tübinger Klinik ging mir auf, dass ich offenbar in einem Alter war, in dem der menschliche Körper sich langsam aufzulösen beginnt. Als junger Mann war ich allen Möglichkeiten, mir die Knochen zu brechen, sorgfältig aus dem Weg gegangen. Ich war kein besonders rasanter Skifahrer, hielt mich von allen wagehalsigen Sportarten fern und wäre nie auf die Idee gekommen, auf Berge zu klettern oder etwas zu riskieren, das auch nur ansatzweise gefährlich erschien. Dies mag der Grund gewesen sein, warum es mir erst ziemlich spät im Leben an den Kragen beziehungsweise ans Knie ging. Ich war im Umgang mit dieser Art von Missgeschick vollkommen ungeübt. Jugendliche stecken Knochenbrüche als Betriebsunfall weg und tragen den Gips mit dem Stolz des Wagemutigen. Das hatte ich mir erspart. Im Alter aber riecht jede Verletzung nach Verschleiß. Das tut doppelt weh. Ich fühlte mich deshalb nicht nur elend, sondern sah meine Felle gleich insgesamt davonschwimmen. Es ging ans Eingemachte, und ich wurde, eher untypisch für mich, ziemlich nachdenklich.

Hatte ich überhaupt vorgesorgt? Ein Testament gemacht? Eine Patientenverfügung? Wüsste meine Frau all die Passwörter und Codes, die sie braucht, um in unsere Häuser und Konten zu kommen? Und meine Söhne? Keiner von ihnen ahnt, dass eine meiner Armbanduhren richtig teuer war. Ich hatte mich nie getraut, ihnen zu sagen, wie teuer. Würde die jetzt mit mir begraben werden oder beim Trödler landen? Wären die Kerle ohne Vater überlebensfähig? Ich bekomme zweimal pro Woche einen Anruf, der mit „Ey, Papa, haste ma kurz Zeit…?" beginnt. Hab ich immer.

In unserer über mehrere Kontinente verstreuten Familie fungiere ich als Hütehund, der die Herde zusammenhält. Ich plane, wann sich alle wo treffen, ich berate, wenn ein Jobwechsel, ein Umzug, eine Ehe, eine Scheidung, eine Geburt, eine Taufe ansteht. Deswegen ist es von allerhöchster Dringlichkeit, dass ich nicht einfach langsam wegbröckele. Ob ich nicht doch noch mal schnell telefoniere, falls es, wie man den plötzlichen OP-Tod gern umschreibt, „eine Komplikation" gibt? Und wer stellt die Maschinen ab…?

Der Narkosearzt setzte noch einen drauf. Seine vordringliche Pflicht schien es zu sein, dem Patienten zu erklären, dass mit einem Wiedererwachen nicht unbedingt zu rechnen ist. Gehirnschäden seien zwar selten, aber auch nicht völlig auszuschließen. Ich möchte dem guten Mann hier keine seelische Grausamkeit unterstellen, aber mit Abwinken – so pflege ich im Allgemeinen unangenehme Themen zu beenden – schien es hier nicht getan zu sein. Ich winkte mehrfach ab, der Arzt machte mehrfach weiter.

Zurück zu meinem Bein. Vorsichtshalber schaute ich es mir vor der OP noch mal genau an. Ich mochte das lange mali-

bugebräunte muskulöse Ding. Es war mir nicht nur an den Rumpf, sondern auch ans Herz gewachsen und hatte mich klaglos durchs Leben getragen. Ich war auf ihm getänzelt und durch die Massen stolziert. Ob Standbein oder Tanzbein – hätte ich es pfleglicher behandeln sollen? Warum hatte es mir so abrupt den Dienst versagt? Was, wenn ich es verlieren würde? Mit dem Prädikat, ein einmaliger Showmaster zu sein, konnte ich leben. Einbeinig musste nicht auch noch sein. In den letzten Sekunden vor meiner Narkose gelobte ich sämtlichen Gliedmaßen und Organen ewige Dankbarkeit und zukünftige Aufmerksamkeit.

Das alles war nach gelungener OP natürlich sofort vergessen. Nahtlos nahm ich die Rolle des Entertainers wieder ein, alberte mit der Physiotherapeutin, jonglierte zur Gaudi des Personals im Treppenhaus der Klinik mit zwei blauen Krücken und signierte die Gipsbeine der Mitpatienten. Den Unfall degradierte ich zum Vorfall und packte ihn in die Schublade „halb so wild". Altern und Entertainment passen einfach nicht zusammen.

Für einen runden Geburtstag von RTL hatte eine Maskenbildnerin Günther Jauch und mich einmal zu Greisen geschminkt, die im Stil der beiden alten Nörgler aus der *Muppet Show* mit brüchiger Stimme übers Fernsehen räsonierten. Weißhaarig und an Stöcken taperten wir als „Waldorf & Statler" durchs Bild und fanden das ziemlich lustig. Wie war ich froh, mir den alten Knacker abends wieder abschminken zu können! Das klappt heute nicht mehr, aber Alter und Entertainment hatten sich bis dahin für mich ausgeschlossen.

Ich habe mindestens fünf Jahre täglich Radio gemacht und in dreißig Jahren meine Fernsehauftritte nicht gezählt. Niemals in meiner Laufbahn musste eine Sendung wegen Erkrankung abgesagt werden. Aber auf Krücken moderieren? Ein Produktionstermin für die RTL-Show *Die 2 – Gottschalk & Jauch* gegen alle stand seit Wochen fest. Eine Livesendung, also ohne Netz und doppelten Boden! Bei so einer Veranstaltung greifen viele Räder ineinander. Wenn es bei einem davon knirscht, geraten alle aus dem Takt. Günther Jauch und Barbara Schöneberger haben enge Terminkalender. Der Regisseur, die Techniker, die Studiokapazitäten ... Verschiebungen sind für alle Beteiligten eine Katastrophe, die berühmte „Ausfallversicherung" ist für die Sender ein rotes Tuch.

Ich erschien also pünktlich zum Dienst, und wir machten, was in solchen Fällen das Beste ist: aus der Not eine Tugend. Barbara trug ein Krankenschwesternkostüm, was viele Männer immer schon mal sehen wollten, und Günther schob den ziemlich besten Freund – sozusagen ironisch überhöht – im Rollstuhl ins Studio. Ich wäre nicht ich, wenn ich nicht nach drei Minuten aus dem Gefährt gesprungen und auf die kleine Studiobühne geturnt wäre, auf der Jauch und ich gegen das Publikum antraten. Die bereitgestellten Krücken warf ich von mir und faselte was von Wunderheilung. Die Stimmung war gut, die Quote auch.

Am nächsten Tag saß ich im Flugzeug nach Los Angeles. In Malibu ist man auf dem Surfbrett unterwegs und nicht am Stock. Ich spielte die Sache runter, mimte zu Hause den taufrischen Galan und ließ halt beim Workout ein paar Gewichte weg.

Die blauen Krücken tauschte ich gegen einen schicken Spazierstock mit Pferdekopf als Silberknauf. Ostern kam heran. Meine Schwiegertochter samt Enkel war in Deutschland auf dem Weg zum Flughafen, meine Frau kontrollierte zum dritten Mal, ob in jedem Bad sowohl Shampoo als auch Duschgel verteilt waren, und bei mir klingelte das Telefon. Jedes Mal die gleiche Frage: „Musst du da drangehen?", jedes Mal die gleiche Antwort: „Ja, ich muss." Dieses Mal hätte ich es lassen oder mich weniger hektisch bewegen sollen. Es war dasselbe fiese Geräusch, an das ich mich allzu gut erinnerte. Das Ding war noch mal durchgerissen! Meine Frau wollte mich, Enkel hin, Enkel her, eigenhändig nach Deutschland in die Klinik schleifen. Das hätte mir noch gefehlt, ich leide sowieso lieber alleine.

Jetzt ging es – wieder in Tübingen – wirklich ans Eingemachte. Die Krankenschwester sagte: „Ach Gottchen, da isser wieder", und der Narkosearzt nervte mit den gleichen trostlosen Ansagen. Nach der zweiten Operation musste ich für mehrere Wochen in eine Rehaklinik. Das verstörte mich in bis dahin unbekanntem Maße. Ich bekam zwar das „Steinmeier-Zimmer", in dem sich der damalige Außenminister von einer Operation erholt hatte, aber auf diese Ehre hätte ich gerne verzichtet. Auch dass Dieter „Thomas" Heck dort schon mal gebettet wurde, tröstete mich wenig. Was mir richtig zusetzte, war die Tatsache, dass ich von nun an dauernd Menschen begegnete, denen das Schicksal wesentlich übler mitgespielt hatte als mir. Wenn im Aufzug ein Schlaganfallpatient, halb so alt wie ich, mit schlotternden Händen den richtigen Knopf suchte, dann war das für mich der Blick auf ein Elend, dem ich immer aus dem Weg gegangen war. Ganz bewusst. Für die Kranken und Siechen da sein wollte ich immer, aber nie zu ihnen gehören. Immer wieder hatten mich Ärzte und sozial engagierte Menschen gebeten, in Kinderkliniken, Altenheimen und Einrichtungen für Behinderte mit meinem sonnigen Gemüt für Abwechslung und fröhliche Stimmung zu sorgen. Ich bin diesem Ruf oft und gerne gefolgt. Manchmal war ein Kamerateam dabei, oft waren die Bilder später in den Zeitungen. Auch wenn es mir nie um Selfpromotion ging, muss ich zugeben, dass ich immer froh war, wenn es vorbei war. Ich habe die traurigen Bilder abgeschüttelt wie ein nasser Hund das Wasser. Vielleicht auch deshalb, weil jede dieser Begegnungen eine Konfrontation mit meiner eigenen Sterblichkeit war. Und nun war die Flucht davor plötzlich nicht mehr möglich.

Es ist ein Unterschied, ob man auf dem Rosenball federnd über den roten Teppich der Schlaganfall-Stiftung schreitet oder einem jugendlichen Opfer dieser Krankheit begegnet. Mir liefen und rollten in der Rehaklinik täglich viele jüngere Patienten über den Weg, die sich keine Hoffnung mehr machen konnten, dass irgendwas irgendwann irgendwie wieder zusammenwachsen würde. Das geht auch an die Festen des Glaubens.

Soll man Gott dafür beschimpfen, dass er „so was" zulässt, soll man ihm danken, dass man selber nur „aufs Knie" gefallen ist, oder hört man besser gleich auf, an ihn zu glauben? Begegnet ist mir der Herr über Leben und Tod in der Reha nicht, dafür aber Männer und Frauen meines Alters, die sich gerade an ihre Ersatzhüfte gewöhnten oder ihre neuen Kniegelenke ausprobierten. Diese Patienten hielten mich augenzwinkernd für einen der Ihren und wollten mich in Fachgespräche verwickeln, denen ich mich schnellstens entzog. Mit den alten Knackern, die jünger waren als ich, musste ich auch noch in derselben Turnhalle turnen. Immer wieder geriet ich in Räume, in denen Senioren sich zu diversen Gruppentherapien zusammengefunden hatten. Meine Witzeleien („Bin ich hier richtig bei der Schwangerschaftsgymnastik?") wurden dort eher als unpassend empfunden.

Man muss sich das vorstellen: Ich, der Bodybuilder aus Malibu, gegen die Rentner aus Charlottenburg. Leider lag ich nicht in Führung. Das Elend jeder Reha ist es, dass das Kommando immer mit „Und jetzt gaaanz langsam" beginnt. Begriffe wie „vorsichtig" und „erst einmal" spielen ebenso eine wichtige Rolle wie dieses besorgte „Tut das weh?" oder, ganz schlimm: „Geht's noch?"

Dabei tat es immer weh und ging manchmal wirklich nicht mehr. Eine neue, bittere, machtvolle Erfahrung. Es wird ja viel über das Altwerden geschrieben, aber das überliest man entweder oder nimmt es mit der Distanz des amüsierten Lesers zur Kenntnis. Ganz anders und an Brutalität nicht zu überbieten ist es, wenn man es am eigenen Leibe erfahren muss. Vor allem für einen bekennenden Verdränger wie mich.

Ich habe es ja weitgehend geschafft, das Motto meines Opernhelden Papageno aus der *Zauberflöte* nachzuleben: „Stets lustig, heißa hopsassa." Allerdings bleiben Opernhelden ewig jung. Im Unterschied zu Publikumslieblingen. Die werden alt. Wenn sie Glück haben. Und dann begreifen sie es doch als Unglück. Ich zumindest kann nicht behaupten, dass ich begeistert auf die siebzig zusteuere. Der Konflikt zwischen Erfahrenmüssen und Nicht-wahrhaben-Wollen knirscht nicht in den Knochen oder im Herzen, er bohrt sich in die Seele. Und Schwermut kann ich nicht brauchen, mein Betriebskapital ist die gute Laune.

Als Überschrift für meine Rehawochen leihe ich mir mal kurz *Bonjour Tristesse* von Françoise Sagan aus. Ich beging – feiern kann man das nicht nennen – in dieser Zeit auch noch meinen sechsundsechzigsten Geburtstag, an dem laut Udo Jürgens das Leben überhaupt erst anfängt. Eine Party mit Rollstuhlrennen und Krückenweitwurf wollte ich mir ersparen, und im Übrigen fragte ich mich, ob in diesem Alter Geburtstage überhaupt noch ein Anlass zum Feiern sind. Als ich an diesem Tag mit schmerzendem Knie in der Reha erwachte, musste ich an meine Nacht in der Berghütte denken. Damals wollte ich das Alter umarmen, und es hatte sich mir verweigert. War das nun das Zeichen, auf das ich zu meinem Sechzigsten vergeblich gewartet hatte? Plötzlich schien es mir, als sei ich jetzt fällig. Erntereif sozusagen. War das der Anfang vom Ende?

Mein Vater war zwei Wochen vor seinem vierundsechzigsten Geburtstag an Krebs gestorben. Ihn hatte ich schon mal überlebt. Ich war aufs Bein gefallen und nicht auf den Kopf. Der Quadrizeps war mir zweimal gerissen, aber das war besser als die Wirbelsäule einmal gebrochen. Mann, ging es mir gut!

Außerdem war für mich ein paar Tage vorher ein Traum in Erfüllung gegangen, der nur für wenige Männer wahr wird: Barbara Schöneberger stand neben meinem Rehabett. Sie hatte irgendwann versprochen, mich zu besuchen, wie man das halt so verspricht und wie ich das anderen ein Dutzend Mal versprochen habe. Aber plötzlich war sie wirklich da. Ohne jede Voranmeldung. Um zu verhindern, einen fidelen Opa mit neuen Hüften aus dem Gleichgewicht zu bringen, hatte Barbara es vermieden, sich ordnungsgemäß am Empfang anzumelden, sondern sie war über den Zaun geklettert. Ein solcher Verstoß gegen die Hausordnung käme für Günther Jauch nie infrage. Der hielt sich ans Protokoll und erschien pünktlich, als die Ärzte mir den ersten Ausflug erlaubten.

Günther fuhr in einem gerade erstandenen Oldtimer vor und ließ mich den Preis schätzen, für den er ihn gekauft hatte. Ich lag um das Dreifache drüber. Eigentlich hätte ich es wissen müssen: Wenn es kein Schnäppchen gewesen wäre, hätte mein Freund die Kiste nie erworben.

Ich stand wieder mitten im Leben, aber eben nur auf einem Bein. Das andere wollte nicht mehr so recht mitspielen. Mein Knie schwoll nur langsam ab, mein mühsam antrainierter, einst gewölbter Oberschenkel war nun flach wie eine Pizza und hat bis heute nicht zu seiner Form zurückgefunden. Das

linke Bein konnte ich lange nicht anwinkeln. Im Theater sah mich eine Sitznachbarin böse an, weil sie dachte, ich suchte beim *Prinz von Homburg* ihren Beinkontakt, dabei wusste ich vor Schmerzen nicht mehr, wohin mit der Haxe. Und beim Autofahren muss ich auch jetzt noch immer wieder anhalten, um mir die Füße zu vertreten. Mein pantherhafter Gang der geschmeidig starken Schritte, wie ihn schon Rilke beschrieben hat, ist Geschichte. Wenn ich schneller laufen will und den vierten Gang einlege, bekomme ich diesen Humpelschritt, also versuche ich, mich in gemessenem Tempo fortzubewegen. Wenn ich mit der U-Bahn unterwegs bin, stürme ich nicht wie zu meinen besseren Zeiten die Treppen hoch, sondern hangele mich am Geländer entlang. Und wenn ich im Zug einen leeren Platz erspechte, setze ich mich drauf. Das scheint niemanden zu verwundern. Nur mich selbst. Ich bin nicht mehr ganz der Alte und habe gleichzeitig das Gefühl, es langsam zu werden.

Wir merken uns: Das Alter erwischt uns nicht da, wo wir es feierlich in Empfang zu nehmen gedenken, sondern zu einem Zeitpunkt, der uns gar nicht in die Planung passt. Zu meinem sechzigsten Geburtstag, als ich glaubte, es wäre so weit, hatte es meine Einladung noch schnöde ausgeschlagen. Sechs Jahre später zwang es mich in Jerusalem in die Knie. Ich zeige bis heute gerne ein blutiges Operationsfoto beim Dinner, vor allem, wenn es Bolognesesoße gibt. Kommt immer gut an.

Ildikó von Kürthy

Früher war nicht alles besser, früher war alles neu

Jetzt riecht das wieder so. Gebrannte Mandeln. Tannennadeln. Bienenwachskerzen. Und: Vanillekipferl. In der Vorweihnachtszeit kann ich mich praktisch nicht mehr frei bewegen, ohne von Kindheitserinnerungen behelligt zu werden. Meine Sommerurlaube verbringe ich nur deshalb ungestört im Hier und Jetzt, weil die von mir als Kind bevorzugte Sonnenmilch („Delial bräunt ideal") nicht mehr so riecht wie früher. Ich habe nichts gegen meine frühen Erinnerungen. Im Gegenteil. Sind sie doch vorzugsweise schön, jetzt mal abgesehen von der üblen Sache, als ich mich über einen Scherz, den ich auch noch selbst gemacht hatte, derart kaputtlachte, dass ich mir in Anwesenheit sämtlicher Nachbarskinder in die Hose pinkelte.

Aber in diesen Tagen kann ich an keinem Kipferl vorbeigehen, ohne den Eindruck zu haben, dass früher alles besser war. An Weihnachten lag immer Schnee, ich bekam stets genau das, was ich mir gewünscht hatte, und über der gesamten idyllischen Szenerie lag der Duft von, na, das ist jetzt echt nicht mehr schwer zu erraten, frischgebackenen Vanillekipferln. Meine Recherchen haben jedoch ergeben: So war es nicht.

Aachen, meine Heimatstadt, belegt zusammen mit Hamburg den letzten Platz auf der Liste der Städte, in denen man auf weiße Weihnachten auch nur ansatzweise hoffen sollte. Meine Eltern waren bedauerlicherweise fanatische Anhänger von Holzspielzeug, während ich blonde Barbie-Puppen auf rosa Plastikpferden favorisierte. Ein ungelöster Konflikt bis heute. Und, ich muss es im Sinne einer überfälligen Vergangenheitsbewältigung hier so offen sagen, meine Mutter konnte sehr schlecht backen und hat das „Ich nehme lieber die Backmischung und vergesse selbst dann noch die einzige Zutat, die man selbsttätig hinzugeben muss"-Gen an mich weitergegeben.

„Die Erinnerung ist ein Hund, der sich hinlegt, wo er will", schreibt Cees Nooteboom. War meine Kindheit womöglich gar nicht so glücklich, wie ich meine? Bin ich etwa nicht in einem lichtdurchfluteten, palastartigen Gebäude mit imposanter Freitreppe groß geworden? Und welche üblen Spielchen veranstaltet mein Gedächtnis womöglich sonst noch mit mir, neben dem bedauerlichen Umstand, dass es sich regelmäßig weigert, Vornamen mir eigentlich recht gut bekannter Personen rauszurücken?

„Das Gedächtnis ist ein ungehorsamer Diener", erklärt mir freundlich der Gedächtnisforscher Professor Douwe Draaisma, „und natürlich erinnern Sie sich an das eine Weihnachten mit Schnee besser als an die vielen ohne. Genauso wie Sie die verregneten, langweiligen Ferientage vergessen und die sonnigen im Gedächtnis behalten."

Wir erinnern das Außergewöhnliche. Deswegen sind Kindheits- und Jugenderinnerungen so intensiv und so häufig: Weil so vieles, was uns in dieser Zeit begegnet, neu und besonders ist: der erste Urlaub am Meer, der erste Kummer, die ersten und letzten gelungenen Vanillekipferl. Fast jeder, der nach dem Buch gefragt wird, das ihn am meisten beeindruckt hat, wählt eines, das er vor seinem 23. Lebensjahr gelesen hat. Und die meisten Menschen idealisieren die Musik, die sie als Teenager gehört haben, und sind der festen Überzeugung, dass bald danach die Qualität dramatisch abgenommen habe. Und, jetzt mal ehrlich: Nach Reinhard Mey, Whitney Houston, David Bowie und Human League kam ja wirklich nicht mehr viel.

Früher war nicht alles besser. Natürlich nicht. Aber früher war alles neu. Der erste Kinobesuch ist ein Erlebnis, der hundertste meist eine Enttäuschung. Nebenbei bemerkt: Woody Allen und James Bond sind ja auch nicht mehr das, was sie mal waren. Der erste verknutschte Sonnenuntergang: so was von romantisch! Und später denkst du dann auch zuweilen ernüchtert: „Kennste einen, kennste alle."

Gewöhnung setzt ein, unvermeidlich, und dann legen sie los, die „Furien des Vergessens", wie Hegel sie nannte, schmeißen alles raus aus deinem Hirn, was schon mal so oder so ähnlich da war.

Wie man vermeidet, dass man vergesslich wird? Tue Unvergessliches!

In Amerika lebt eine Frau, die nicht vergessen *kann*.

Seit ihrem 15. Lebensjahr ist ihr autobiographisches Gedächtnis lückenlos. Jede Banalität, jedes gesprochene Wort, nichts, was ihr geschieht, kann sie je vergessen. Die Zeit heilt ihre Wunden nicht. Die Amerikanerin wurde depressiv, und das Einzige, was sie tröstet, ist, dass sie für Wissenschaftler ein höchst interessantes Forschungsobjekt ist. „Vergessen ist ein Segen", sagt Douwe Dreismaa.

Also ist meine Kindheit nur glücklich, weil ich so ein schlechtes Gedächtnis habe? Den Palast, in dem ich aufgewachsen bin, habe ich neulich zum ersten Mal seit 40 Jahren wieder von innen gesehen. Es ist ein winziges Häuslein mit einer schmalen Stiege, und in mein ehemaliges Kinderzimmer scheint nie die Sonne. Ich war enttäuscht. Bis ich bemerkte, dass sich meine Erinnerung von der Realität nicht beeinflussen lässt. „Ihr Elternhaus wird für Sie immer groß bleiben", beruhigt mich der Gedächtnisforscher. Und das hat ja auch der gottgleiche Reinhard Mey bereits vor 30 Jahren sehr ergreifend gesungen: „Erinnerungen sind vor allem in uns und nicht an irgendeinem Ort." So. Und jetzt kaufe ich eine Backmischung für Vanillekipferl.

Christian Morgenstern

Die Zeit

Es gibt ein sehr probates Mittel,
die Zeit zu halten am Schlawittel:
Man nimmt die Taschenuhr zur Hand
und folgt dem Zeiger unverwandt.

Sie geht so langsam dann, so brav
als wie ein wohlgezogen Schaf,
setzt Fuß vor Fuß so voll Manier
als wie ein Fräulein von Saint-Cyr.

Jedoch verträumst du dich ein Weilchen,
so rückt das züchtigliche Veilchen
mit Beinen wie der Vogel Strauß
und heimlich wie ein Puma aus.

Und wieder siehst du auf sie nieder;
ha, Elende! – Doch was ist das?
Unschuldig lächelnd macht sie wieder
die zierlichsten Sekunden-Pas.

Hans Fallada

Bienen im Garten, Honig des Lebens

So wurde ich Imker. Schritt für Schritt hatte mich mein Schicksal in mein neues Steckenpferd hineingelistet, alles Wehren hatte mir nichts geholfen.

Zum ersten Mal zog ich mir selbst eine Gazehaube übers Haupt, steckte die Hände in Gummihandschuhe und brannte mir einen gewaltigen Knösel an. Dann öffnete ich die Hintertür der Beute, und eine kräftige Bienenkollektion fuhr mir um Kopf und Hände.

„Ruhig Blut!", sagte ich zu mir, als ich merkte, dass Bienen ihren Weg auch unter einen Gazeschleier finden, und dass es nicht angenehm ist, wenn eine Biene langsam über Lippen und Nase marschiert, noch unentschlossen, wo sie stechen wird, aber fest entschlossen, zu stechen ...

„Nur ruhig Blut", sprach ich, als ich entdeckte, dass man auch seine Hosen unten zubinden muss, sonst klettern einem die lieben Tiere langsam an den Beinen hoch, erreichen über dem Strumpfband das nackte Fleisch, wandern weiter auf der bloßen Haut unter der Unterbüx, kommen in Gegenden ...

Und dabei arbeitest du oben mit den Händen immerfort, stellst in die immer stärker brausenden Beuten Holzkistchen mit Zuckerwasser, auf denen ein Bretterrost schwimmt, schließt den Kasten, gehst zum nächsten – autsch, das war wieder ein Stich!

Ist der erste Stich gefallen, folgen schnell viele, das müssen die Bienen riechen, wenn eine gestochen hat.

Aber schon bei dieser einfachen Fütterung merkte ich, dass mit meinen Bienen nicht alles so in Ordnung sein konnte, wie Onkel Herbert behauptet hatte. Manche Völker hatten an einem Tage schon ihr Zuckerchen ausgetrunken, andere in zehn Tagen noch nicht, und jedes Volk musste doch eine bestimmte Menge Zucker im Herbst aufspeichern – als Ersatz für den weggenommenen Honig, sonst verhungerte es über Winter.

Wenn ich aber tollkühn solch enthaltsames Volk auseinanderpolken wollte, um den Grund dieser Abstinenz zu erfahren, erwies sich, dass die Schienen in den Beuten kaputt waren, die Waben waren ineinander gebaut, man hätte alles zerstören müssen.

Das konnte nicht stimmen! Außerdem ärgerte mich das Dunkel im Bienenhaus, nichts war zu sehen, und wenn man ein Volk ‚nachsah‘, musste man doch wenigstens sehen können! Natürlich las ich in diesen Tagen auch schon die kleine Bienenzeitschrift, die sich Onkel Herbert bestellt hatte. Und zufällig las ich in ihr den Artikel eines Herrn Schuster, der klar und anschaulich geschrieben war. Ich hatte keine Ahnung, wer Herr Schuster war, aber sein Wohnort lag nicht sehr entfernt von uns. So schrieb ich Herrn Schuster einen kleinen Brief, ich sei in Nöten mit meinen Bienen, und wenn es ihm seine Zeit erlaube ... Es würde wirklich sehr freundlich von ihm sein ... Selbstverständlich würde ich alle Kosten tragen ...

Am nächsten Morgen saß Herr Schuster in meiner Stube. Eine halbe Stunde später wirtschaftete er in meinem Bienenhaus, und ich hatte den aufopferndsten, uneigennützigsten Bienenberater von der Welt! Es gibt eben viel mehr uneigennützige Hilfsbereitschaft, als man manchmal glaubt! Herr Schuster war ein alter, in den Ruhestand getretener Landschullehrer um die siebzig herum. Er hatte einen kahlen Kopf, einen langen weißen Schnurrbart, dessen Enden wie bei einem Wachtmeister der kaiserlichen Zeit festgedreht waren, eine hohe, helle Stimme und ein Herzleiden. Sonst war Herr Schuster Imker, und er ist in seinem Leben wohl nur Imker gewesen. Die Imkerei war ihm Lebenszweck, Sinn des Daseins. Er lebte nur für die Bienen, er dachte nur an Bienen, er interessierte sich nur für Bienen. Selbst jetzt als alter Mann, da er den eigenen Bienenstand aufgegeben hatte, wirkte er immer weiter für die Imkerei: Er verteilte Futterzucker, besuchte Tagungen, schrieb Artikel, beriet andere und aß Honig in unvorstellbaren Mengen. Ich hätte es nie für möglich gehalten, aber Herr Schuster versicherte mir, dass er und seine Frau im Jahr gut drei Zentner Honig verbrauchten. Dann erlebte ich ihn bei uns Honig essend. Eine dünne Scheibe Brot mit ein wenig Butter lag auf seinem Frühstücksteller. Nun fuhr er mit dem Messer in den Honigpott. Es war guter abgelagerter Honig, zweimal geseiht und vierzehn Tage täglich dreimal mit einem dreikantigen Buchenstab fünf Minuten lang gerührt, wie es sein soll. Also kein flüssiges Zeug, sondern eine feste, weißgelbliche Masse, anzusehen etwa wie jener weiße Bernstein, der ‚Knook‘ heißt. Herr Schuster schnitt sich ein Stück etwa vom Gewicht eines halben Pfundes heraus, und das aß er nun teelöffelweise, wobei hinter jedem dritten oder vierten Teelöffel ein Bisslein Brot eingeschaltet wurde. Herr Schuster plauderte dabei fort von den Bienen, während er unseren Wochenbedarf an Honig auf einmal erledigte. Er hatte unsere aufgerissenen Augen überhaupt nicht bemerkt. Er versicherte uns, nur seinem Honigessen und dem Umgang mit Bienen verdanke er sein frisches Alter. Wenn dem wirklich so war, haben die Bienen sein Herz sträflich vernachlässigt, denn das machte Herrn Schuster redlich zu schaffen. Gott bewahre mich im Übrigen vor solchem Honigesser in der eigenen Familie – ich müsste die Schriftstellerei an den Nagel hängen und nur noch Honig erzeugen!

An jenem Morgen aber, da Herr Schuster so überraschend schnell meinem Hilfeschrei gefolgt war, gab es keine lange Zeit zu plaudern. Herrn Schuster dürstete es nach meinen Bienen, mich nach Klarheit. Er ergriff seine Ledertasche am Henkel, in der er mit dem Nachtzeug alles Bienenwerkzeug mit sich führte, und folgte mir in den Garten.

Wenn mit den Bienen vielleicht nicht alles im Lote war, mein Bienenhaus, dieser Turm aus Eiche und Felsengestein, sollte Herrn Schuster schon imponieren!

Herr Schuster sank fast in Ohnmacht!

Als er sich ein wenig erholt hatte, rief er: „Das, das soll ein Bienenhaus sein? Wie soll man denn da drinnen arbeiten? Ist ja stockeduster drin! Da müssen Fenster rein! Fenster in die Seite, Fenster ins Dach! Es kann nicht hell genug sein im Bienenhaus! Warum haben Sie das Dings bloß so duster gebaut?!"

„Ich denke, die Bienen fliegen ins Licht?", bemerkte ich erschüttert.

„Na ja, und warum sollen sie nicht? Machen Sie die Tür auf, draußen ist es noch heller, schon fliegen die Bienen ab. Bauen Sie ein Bienenfenster ein, ein Fenster mit einem offenen Spalt, durch den die Bienen aus-, aber nicht hereinkönnen. Ich zeichne Ihnen nachher gleich eine Skizze! Nein, so was, ein Bienenhaus ohne Fenster! Manche Imker lassen sich sogar elektrisch Licht in ihre Bienenhäuser legen, weil sie es nicht hell genug kriegen können. Die geringste Kleinigkeit auf der Wabe muss man sehen können! Wie wollen Sie denn in dieser Finsternis je eine Königin finden?!"

Er sah mich betrübt an, und ich kam mir wie ein rechter Dummkopf vor. Und doch dachte ich dabei, dass mein Bienenhaus mit Fenstern sehr viel schöner aussehen würde. Ich würde das für die Ewigkeit gebaute Felsgestein durchbrechen, Fenster einsetzen lassen, Bienenfenster nach Sonderskizze …

„Und das sind also Ihre Beuten", sagte Herr Schuster. Er hatte die Tür des Bienenhauses weit aufgestellt und betrachtete nachdenklich die Hinterseite meiner Kästen.

„Ja, das sind meine Beuten", antwortete ich ein wenig ängstlich. „Sind die etwa auch nicht richtig?"

„Doch, die sind schon richtig!", sagte Herr Schuster. „Die sind so richtig, dass ich Ihnen die für ein Bienenmuseum abkaufen werde, wenn Sie die Dinger nicht mehr

brauchen! Als Muster von Beuten, wie sie nicht sein sollen. – Mein lieber Herr, in solchen Kästen werden Sie nie Erträge haben! Wenn Sie mit solchen Kästen wirtschaften wollen, schmeißen Sie Ihr Geld einfach zum Fenster hinaus!"

„Was müssten denn das für Kästen sein?", fragte ich bedrückt. Herr Schuster sah mich mit dem leuchtenden, erbarmungslosen Blick des Fanatikers an. Er sprach mit fester Stimme: „Hier muss der Wolfenbütteler Kuntzsch-Zwilling her!"

Sein Blick wurde immer durchbohrender.

Ich erzitterte in meinen Schuhen. „Der Zwilling", murmelte ich.

„Jawohl, der Zwilling."

Trotz Maeterlinck, Onkel Herbert und Bienenzeitschrift hatte ich keine Ahnung, was Zwillinge mit Bienen zu tun haben.

Herrn Schusters Blick wurde milder, als er mich so schuldbewusst sah. „Na, nun wollen wir mal in die Dinger sehen!", sagte er leutselig, und wir legten unsere Kriegsrüstung an.

Darauf sah Herr Schuster in die Dinger! Du lieber Gott, Bienenvolk auf Bienenvolk riss er mitleidslos auseinander, Honig triefte, es gab Tote und Verwundete in Massen, Stiche gab es, viele Stiche. Herr Schuster zeigte mir, dass kein einziger Kasten in Ordnung war, dass alle Rahmen schief hingen, dass die Spanndrähte gerissen waren, dass die Wachsmotte, diese Räuberin, sich in jedem Volk eingenistet hatte. Er bewies mir, dass Onkel Herbert nie ein Volk wirklich durchgeprüft hatte, es war einfach nicht durchzukommen.

„Alles Bruch! Alles verrotteter Bruch!", stöhnte Herr Schuster. „Na, natürlich, die sind froh gewesen, dass sie Ihnen das angedreht haben! Was haben Sie dafür bezahlt? – Unglaublich!" Ich stand dabei und bewunderte Herrn Schuster. Um den Kopf trug er einen Schleier wie ich, aber vergeblich hatte ich versucht, ihm meine schönen Imkerhandschuhe aus Gummi aufzureden. „Nein, nein", sagte er. „So was brauche ich nicht. Ich fühle besser ohne Handschuhe."

So arbeitete er mit nackten Händen, mitten im Bau, umschwirrt von Tausenden wütender Bienen. Sie stachen ihn, oh, wie sie ihn stachen! Dutzende von Stichen hat er an diesem Tage bekommen. Sie schwollen natürlich nicht an, er war immun gegen Bienengift, aber der Einstich tut immer weh, gegen den Schmerz des Einstichs wird man nie immun. Wer's nicht glaubt, der kann sich ja jeden Tag zwanzig-, dreißigmal kräftig mit einer Stecknadel stechen, ob er nach zehn oder vierzehn Tagen den Stich nicht mehr fühlt. So hat Herr Schuster immer bei mir gearbeitet, ohne jeden Handschuh, viele Hundert Stiche hat er bei mir empfangen. Wurde es ganz schlimm, gab er abgerissene Laute von sich: „Da! – Da wieder! – Nu! – Aber nein! – Na, nu lass… Gut! Da! Na…!" Aber er arbeitete unentwegt weiter, die Hand, mit der er die Wabe hielt, zuckte nicht unter noch so vielen Stichen.

Dies ist ein Rätsel, das mir Herr Schuster aufgegeben hat und das ich bisher noch nicht gelöst habe: „Warum arbeitete er bei mir ohne allen Handschutz?

In einer Bienenzeitschrift fand ich von ihm einen Aufsatz, einen jener klar geschriebenen, praktischen, nicht humorlosen Artikel, die Herrn Schusters Stärke sind. Darin sprach er darüber, ob man sich vor Bienenstichen schützen oder ob man sie heroisch ertragen solle. Er selber habe in seiner Jugend dem heroischen Ideal gehuldigt, aber immer mehr habe er eingesehen, dass dieser Heroismus dumm sei. Je ruhiger man arbeite, umso ruhiger blieben auch die Bienen, und der Geschützte sei eben ruhiger als der Mann mit den bloßen von Bienenstacheln gespickten Händen. Er selbst wende jeden nur möglichen Schutz an, und ihm und seinen Bienen bekomme das nur gut…

So hatte Herr Schuster geschrieben, und dieser selbe Mann stand nun mit bloßen Händen in meinem Bienenhaus und ließ sich von Stacheln spicken! Unverständlicher Herr Schuster! Ich stellte ihn wegen dieses Missverhältnisses zwischen Schreiben und Tat zur Rede, ich bekam keine rechte Antwort. Herr Schuster lächelte vage, seine Schnurrbartspitzen zitterten, er war sehr beschäftigt. Wieder einmal bot ich ihm die Gummihandschuhe an, wieder einmal lehnte er sie fest ab!

Warum? Warum –? Glaubte Herr Schuster in tiefster Brust doch an ein heroisches Ideal, das er öffentlich ableugnete? Wollte er mir mit einem guten Beispiel vorangehen? Ich weiß es nicht. Ich fürchte, auch das Rätsel Schuster werde ich ungelöst mit ins Grab nehmen. Eine wunderliche Welt ist dies, mit wunderlichen Menschen! Und wenn ich wirklich, wie meine Lebenslinie aussagt, hundertsechzehn Jahre alt werde, ich werde nicht viel klüger als heute in die Grube fahren, ich werde nicht einmal viel klüger sein als an jenem Tage, da ich zum ersten Mal das Licht der Welt erblickte, den ersten kläglich protestierenden Schrei tat! –

Am Abend dieses Tages unserer beginnenden Bekanntschaft hielt mir Herr Schuster dann einen langen Vortrag über den Wolfenbütteler Kuntzsch-Zwilling. Es erwies sich, dass es unter den rechten Imkern ebenso viel Sekten gab wie in jeder anderen brauchbaren Religion. Es gab Gerstung-Anhänger und Freudenstein-Jünger. Es gab Zander-Gläubige und Normalmaßadepten. Es gab die Verehrer der Celler Magazinbeute und jene, die im Alberti-Blätterstock das Heil der Imkerei erblickten. Und dazu gab es natürlich noch seit Urvätertagen die Korbimker!

All diese unterschieden sich nicht in der Anbetung der Biene, sondern in der Art, wie sie ihr eine Behausung boten. Es gab da Dreietager und Zweietager und Stapelbeutenanhänger, je nach den Kästen, in denen sie ihre Bienen wohnen ließen. Es gab da Hinterlader und Oberlader.

Herr Schuster war ein Anhänger des Altmeisters Kuntzsch, und unter den Kuntzsch-Jüngern huldigte er wieder der Wolfenbütteler Richtung, von der die Lehre des Altmeisters verfeinert und verbessert ist. Viel verstand ich an diesem Abend – und auch lange hinterher – noch nicht von den verschiedenen Heilslehren der Imkerei. So viel erfasste ich aber doch schon, dass die mir empfohlene Beute nur darum „Zwilling" hieß, weil hier in einem Kasten zwei Völker untergebracht waren.

Dringend empfahl mir Herr Schuster, mit all dem alten verkommenen Bruch, der mein Bienenhaus schändete, Schluss zu machen und im nächsten Frühjahr noch einmal von vorn zu beginnen. Meine Abneigung gegen Pfusch, meine Pedanterie ebneten den Schuster'schen Vorschlägen den Weg. Als Folge dieses Abends kam wieder ein dickleibiger Katalog in meine Hände, in dem diesmal Herr Schuster angestrichen hatte, was notwendig schien. Als Folge dieses Abends ließ ich wieder einmal an einem Vormittag meine Arbeit liegen und tippte eine lange Bestellung, deren Endsumme sich auf über tausend Mark belief. (Teure Bienen!)

Ich habe Herrn Schuster einmal gefragt, wie er als Landlehrer mit doch kleinem Gehalt so teure Anschaffungen habe erschwingen können. In seiner Hauptzeit hat er um die hundert Völker besessen, und das bedeutet ein investiertes Kapital von über zehntausend Mark.

„Aber meine Bienen haben das verdient!", rief Herr Schuster erstaunt. „Wer denn sonst? Ich habe ganz klein mit zwei Völkern angefangen, und ich habe nie mehr angeschafft, als die Bienen verdient hatten. Denken Sie, in meinem besten Jahr habe ich sechzig Zentner Honig geschleudert. Das sind siebentausendzweihundert Mark in einem einzigen Jahr, von den verkauften Königinnen und Völkern und dem Wachs gar nicht zu reden!"

So bin ich durch Herrn Schuster Kuntzsch-Imker geworden, Spezies Wolfenbütteler Richtung. Und ich fühle mich sehr wohl dabei. Ich lächle natürlich mit leiser Überlegenheit, wenn ich von Oberladern und Karbollappen höre oder von dem Zwergenmaß der Freudensteiner-Beute. Immerhin bin ich noch klarsehend genug, zu erkennen, dass ich durch einen reinen Zufall zu meinem Glaubensbekenntnis gekommen bin. Hätte ich statt an einen Herrn Schuster an einen Herrn Schneider geschrieben, und wäre dieser Herr Schneider ein Verehrer des Blätterstocks Vollenda gewesen, so wäre ich heute Vollendist statt eines Kuntzschickers. Über unsere wichtigsten Überzeugungen entscheiden wir nur selten selbst.

Harald Martenstein

Über das gefühlte Alter

Klar, ich wäre gern 20 Jahre jünger. Dann hätte ich mehr Lebenszeit vor mir, könnte alles essen, ohne dick zu werden, und müsste erst mal keine Angst vor Demenz haben, das sind bei mir die Hauptgründe. Aber es gibt für diesen verbreiteten Wunsch die verschiedensten Motive. Emile Ratelband, ein belgischer Motivationstrainer, möchte 20 Jahre jünger sein, damit er auf Dating-Portalen leichter an junge Dinger herankommt. Das ist jetzt allerdings eine Unterstellung. Offiziell sagt er nur, dass er auf Dating-Portalen bessere Chancen haben will. Er sieht gut aus, finde ich. Ich vermute, dass viele ältere Damen auf ihn abfahren, auch meiner Mutter würde er vermutlich gefallen. Ratelband ist 69. Der Flirt im Internet scheint sich meist gut anzulassen, die Zielpersonen sind angefixt, kein Wunder bei einem Motivationstrainer, er kann motivieren. Aber sobald er sein Alter nenne, zögen sich zahlreiche Zielpersonen aus dem Chat zurück.

Ratelband könnte lügen. Er könnte seine Zielgruppe der Nachfragesituation anpassen. Er könnte sich liften lassen, damit er glaubwürdiger lügen kann. Aber Ratelband geht nicht die einfachen Wege. Er hat geklagt. Er will offiziell, im Pass, 20 Jahre jünger werden. Er fühlt sich nämlich so, er sagt: „Ich bin ein junger Gott." Schließlich könne man auch sein Geschlecht ändern. Ratelband fragt: Wenn eine Frau, die sich als Mann fühlt, offiziell ein Mann werden darf, warum darf dann ein 69-Jähriger, der sich wie 49 fühlt, nicht offiziell 49 werden? Das Alter ist ja zweifellos auch eine soziale Konstruktion, wie das Geschlecht. Wenn die Gesellschaft sich darauf verständigt, nur noch die Geburtstage in Schaltjahren zu zählen, dann wäre Ratelband sogar erst 17, für junge Götter als Alter okay. Aber für seine Zielgruppe wäre das nun wieder zu jung.

Psychologisch stellt dieser Rechtsstreit, Ratelband gegen die Biologie und den belgischen Staat, ein großes Rätsel dar. Denn Ratelband, dessen Foto man sich im Internet anschauen kann, sieht nie und nimmer aus wie 49. Warum weiß er das nicht? Wie gesagt, er ist keineswegs hässlich. Aber als 49-Jähriger würde er wie ein total verlebter, irgendwie abgewrackter Typ rüberkommen, der die meisten seiner 49 Lebensjahre offenbar unter Brücken und in Begleitung von Ginflaschen oder Heroinspritzbesteck verbracht hat. Jede junge Dame würde sich beim ersten Rendezvous fragen: Um Himmels willen, wie hat der denn gelebt? Als 69-Jähriger dagegen steht er super da, ein sexy Grandpa, den man nie auf 69 schätzen würde, höchstens auf 62. Es ist halt nicht nur alles eine soziale Konstruktion, es ist auch alles relativ. Vor allem Frauen sind beleidigt, wenn sie hören, sie sähen „für ihr Alter" gut aus. So etwas sagt man besser hinter ihrem Rücken. Dabei ist es nun mal eine traurige Wahrheit, dass fast alle Menschen mit 30 besser aussehen als mit 60.

Ein paar wenige Exemplare sehen mit 60 besser aus als mit 30, zum Beispiel war dies bei Jean-Paul Belmondo und Diane Keaton der Fall.

Noch seltener ist der Typus, der im Alter immer besser aussieht, hier wäre vor allem der Journalist Wolf Schneider zu nennen, er ist 92. Vielleicht hilft es, wenn Emile Ratelband sich im Chat den Namen „Wolf Schneider" zulegt, die Frauen googeln das Foto und sind beeindruckt, zumindest so lange, bis Ratelband im Chat zum ersten Mal sagt: „Ich bin ein junger Gott." Den Prozess hat er in erster Instanz verloren, obwohl er sogar bereit war, auf alle Rentenansprüche zu verzichten.

Guy de Maupassant

Menuett

„Ein Unglück kann so schlimm sein, wie es will", sagte Jean Bridelle, ein alter Junggeselle, „ich werde damit fertig." Er galt als ein sehr nüchtern und kühl denkender Mensch. „Ich habe gründlich den Krieg kennengelernt, ich bin über Leichen gestiegen, und es hat mir nichts ausgemacht. Die ärgsten Grausamkeiten der Natur oder der Menschen lassen uns aufschreien vor Entsetzen oder vor Empörung; aber sie beklemmen uns nicht den Atem und lassen uns nicht frostige Schauer über den Rücken rieseln wie zuweilen kleine Ereignisse, die uns nahegehen. Erlebnisse, die man kaum wahrnimmt, kleine Tücken des Schicksals, die Trauer, die einen bitteren Nachgeschmack hinterlassen, den man lange nicht wieder loswird.

Lasst mich ein solches Erlebnis erzählen. Es liegt weit zurück; aber es ist mir gegenwärtig, wie wenn es gestern gewesen wäre. Damals war ich jung und steckte noch mitten in meinem juristischen Studium. Ich war ein Frühaufsteher und kannte nichts Schöneres, als des Morgens vor acht ganz allein in der Baumschule des Jardin du Luxembourg umherzuspazieren.

Haben Sie die Baumschule noch gekannt? Sie schien mir wie ein Ziergarten des vergangenen Jahrhunderts, schön wie das freundliche Lächeln einer alten Dame von damals. Schmale, saubere, stille Wege wurden auf beiden Seiten von dichten Hecken begrenzt. Zwischen hohen Laubwänden zogen sie sich hin. Ohne Unterlass waren Gärtnerscheren am Werk, diese Mauern aus grünen Zweigen schnurgerade zu erhalten. Hin und wieder traf man auf Blumenbeete, auf Rabatten mit Bäumchen, die hintereinander standen wie eine Klasse von Schülern auf dem Spaziergang, oder auf prächtige Rosen und ganze Regimenter von Obstbäumen.

In einem Winkel dieser entzückenden Anlage wurden Bienen gehalten. Strohgeflochtene Bienenkörbe standen in wohlabgemessenen Abständen auf Bohlengestellen; ihre Fluglöcher, kaum größer als die Öffnung eines Fingerhutes, waren der Sonne zugekehrt. Die golden schimmernden Bienen summten über alle Wege. Sie beherrschten diesen Ort des Friedens. Sie waren es, die hier zwischen den hohen Hecken „lustwandelten". Ich kam fast jeden Morgen hierher, setzte mich auf eine Bank und las. Mitunter ließ ich das Buch auf die Knie sinken und träumte. Hier spürte ich den Pulsschlag des Pariser Lebens und genoss zugleich die unendliche Ruhe zwischen den alten Buchenhecken.

Aber bald merkte ich, dass ich nicht der einzige war, der sich gleich nach dem Öffnen des Tores hier einfand. Da, wo ein Weg um eine Buschwand bog, stand ich manchmal plötzlich einem wunderlichen kleinen Greis gegenüber.

Er trug Halbschuhe mit silbernen Schnallen, ging in kurzen Latzhosen und einem tabakbraunen langen Schoßrock; vor der Brust hatte er ein Spitzentuch statt der Krawatte und auf dem Kopf einen vorsintflutlichen Hut mit breiter Krempe. Dürr war er, klapperdürr. Auf dem eckigen, faltigen Greisenantlitz schien ein Lächeln eingefroren zu sein. In der Hand führte er einen kostbaren Stock aus spanischem Rohr mit einem goldenen Knauf, ohne Zweifel ein teures Andenken.

Zuerst erregte das Männchen nur mein Erstaunen; später aber fesselte er in hohem Maße meine Neugier. Ich belauschte ihn durch die Heckenwände, ich folgte ihm von Weitem, verbarg mich aber so hinter dem Buschwerk, dass er mich nicht sehen konnte.

So kam es, dass er sich eines Morgens allein glaubte und anfing, sich in ganz eigenartigen Bewegungen zu ergehen. Er begann mit ein paar kleinen hüpfenden Schritten, darauf folgte eine tiefe Verbeugung, dann schlug er in einem Kreuzsprung noch recht geschickt die dürren Beine aneinander, danach drehte er sich mit lebhaften, einfach ergötzlichen Bewegungen zierlich um sich selber und lächelte, wie wenn er einen Saal voll Zuschauer vor sich hätte, dankte mit wohlabgemessenen Bewegungen der Arme und des puppenhaften Körpers und schickte rührende und lächerliche Komplimente in die leere Luft. Er tanzte!

Ich kam aus dem Staunen nicht heraus und fragte mich, wer hier närrisch wäre – er oder ich!

Von dem Tage an verlor ich ihn nicht wieder aus den Augen, und Morgen für Morgen sah ich ihn in seine sonderbaren Übungen vertieft.

Es drängte mich, ihn kennenzulernen. So ging ich denn einmal zu ihm hin, grüßte und sprach ihn an:

„Haben wir nicht prächtiges Wetter heute, Monsieur?"

„Ganz gewiss, Monsieur, es ist fast wie in alten Zeiten." Nach

kaum acht Tagen waren wir gute Freunde, und ich kannte seine ganze Lebensgeschichte. Er war unter Ludwig XV. Ballettmeister an der Opera gewesen. Der schöne Gehrock war ein Geschenk des Grafen de Clermont. Und wenn ich aufs Tanzen zu sprechen kam, da fand er kaum ein Ende.

Eines Tages war er besonders zutraulich und erzählte: „Ich habe die Castris geheiratet, Monsieur! Wenn Sie wollen, stelle ich sie Ihnen einmal vor; aber sie kommt immer erst etwas später hierher. Dieser Garten ist ja unsere einzige Freude, unser ganzes Leben. Er ist das Letzte, was uns aus den vergangenen Zeiten geblieben ist. Ich glaube, wenn der Garten nicht mehr wäre, dann hätten wir auf der Welt nichts mehr zu suchen. Hier lebt noch etwas von der alten vornehmen Welt. Hier atme ich noch die Luft meiner Jugend, hier verbringe ich mit meiner Frau meine Nachmittage. Allein komme ich sogar schon am Vormittag her, denn ich bin ein Frühaufsteher."

Gleich nach dem Mittagessen ging ich wieder in den Jardin du Luxembourg und entdeckte auch bald meinen Freund. Er führte graziös eine uralte, kleine, schwarzgekleidete Dame am Arme. Ich wurde ihr vorgestellt. Dies war also die Castris, die große Tänzerin, der Fürsten zu Füßen gelegen haben, die der König geliebt hat, das ganze galante Jahrhundert, von dem ein Hauch der Liebe noch bis in unsere Tage in der Welt zu spüren ist.

Wir ließen uns auf einer Steinbank nieder. Es war im Mai. Blumenduft füllte die sauberen, gepflegten Gänge zwischen den Hecken; Sonnenstrahlen übertupften uns mit großen

Lichtflecken. Von schimmerndem Glanz übergossen, saß die Castris in ihrem schwarzen Kleid da.

Der Park war völlig menschenleer. Nur ganz von Weitem hörte man Wagen rollen.

Da sagte ich zu dem alten Ballettmeister: „Bitte, sagen Sie mir doch einmal, was eigentlich ein Menuett war?" Er erbebte am ganzen Körper.

„Das Menuett, Monsieur", sagte er, „ist die Königin des Tanzes, so wie es der Tanz der Königinnen ist. Verstehen Sie das? Seit wir keinen König mehr haben, gibt es auch kein Menuett mehr." Und er begann ein begeistertes Loblied auf das Menuett. Ich verstand nichts. Ich hätte gern gehört, wie die Tanzschritte, die Figuren und die Stellungen waren. Er brachte alles durcheinander und war ganz verzweifelt, aufgeregt und untröstlich, dass es ihm nicht gelang, es mir zu erklären.

Da wandte er sich an seine bejahrte Gefährtin, die schweigsam und ernst neben uns saß.

„Elise, sag, würdest du – es wäre sehr lieb von dir – meinst du nicht auch, dass wir dem Herrn einmal zeigen sollten, was ein Menuett ist?"

Sie blickte sich vorsichtig nach allen Seiten um, dann erhob sie sich, ohne ein Wort zu sagen, und stellte sich ihm gegenüber auf.

Mit kindlich graziösen Schritten gingen die beiden bald aufeinander zu, bald zurück, wiegten sich leicht in den Hüften und hüpften in kleinen Sprüngen. Sie sahen aus wie zwei von einer alten, schon schlaff gewordenen Feder angetriebene

Marionetten aus der Werkstatt eines geschickten Meisters lange vergangener Zeiten.

Ich sah ihnen zu. Ganz ungewöhnliche Empfindungen bestürmten mein Herz, und ich wurde von Wehmut erfasst. Wohnte ich einem Schauspiel bei, das tief traurig war und doch komisch wirkte? Ich sah den Schatten einer Zeit, die seit einem Jahrhundert versunken war. Ich hätte lachen mögen, und doch kam mich eher das Weinen an.

Da hörten sie auf; sie hatten alle Figuren des Menuetts getanzt. Ein paar Sekunden standen sie sich gegenüber; es zuckte in ihren Gesichtern. Dann sanken sie einander leise schluchzend in die Arme.

Drei Tage darauf verließ ich die Hauptstadt. Ich habe die beiden nie wiedergesehen. Als ich nach zwei Jahren zurückkam, war die Baumschule verschwunden. Was mag aus den beiden geworden sein, als sie ihren lieben alten Garten nicht mehr hatten, sein Labyrinth, seine Wände schön gestutzter Buchenhecken?

Sind sie tot? Irren sie als hoffnungslos Vertriebene durch die modernen Straßen der modernen Stadt? Tanzen sie im Mondschein an Gräberreihen entlang zwischen dunklen Friedhofzypressen ein schauriges Geister-Menuett?

Die Erinnerung lässt mich nicht los; sie verfolgt mich und peinigt mich. Ich trage sie mit mir herum wie eine Wunde, die nicht vernarbt.

Warum? Ich weiß es nicht zu sagen, und Sie, Sie werden darüber lächeln, nicht wahr?

Dicke Füße

Eine Freundin wurde kürzlich zu einer ehemaligen Freundin, als sie mir in einer Zeitschrift ein aktuelles Bild von Mel Gibson zeigte und fragte, ob mir schon einmal aufgefallen sei, was für einen tollen Körper der immer noch habe. Wie straff und durchtrainiert! Dabei sei er ja wohl fast zwanzig Jahre älter als ich. Kaum zu glauben, wenn man das jetzt mal vergleiche ... Ich war nicht beleidigt. Ich war nur enttäuscht. Man kann so was doch gar nicht vergleichen! Man weiß doch gar nicht, was für einen Körper ich in fast zwanzig Jahren haben werde! Womöglich wird der sogar noch viel fitter und durchtrainierter sein als der von Mel Gibson, dieser alten Schabracke.

Außerdem ist da noch die Frage, wie der das angestellt hat. Ich habe kürzlich gelesen: Wenn man sich das Fett absaugen lässt, also jetzt beispielsweise am Bauch mitsamt der Fettzellen, dann kommt dieses Fett, wenn man wie bisher weiterlebt, innerhalb kurzer Zeit zurück. Aber eben nicht am Bauch, da es dort ja keine Fettzellen mehr gibt, sondern am Hintern, am Hals oder an den Waden. Fand ich faszinierend, diese Vorstellung. Das Fett findet einen Weg.

Wenn das wirklich so ist, müsste es aber eigentlich auch andersherum funktionieren: Wenn man sich an irgendeiner Stelle des Körpers ganz, ganz viele Fettzellen spritzen ließe, müssten die ja umgekehrt auch Fett aus dem restlichen Körper abziehen. Man knallt einfach eine Stelle des Körpers bis obenhin voll mit Fettzellen, und diese holen, weil sie gefüllt werden wollen, das Fett aus dem restlichen Körper, wodurch der natürlich innerhalb kurzer Zeit ganz straff und durchtrainiert sein wird.

Es bleibt aber die Frage, welche Stelle sich am ehesten dafür eignet, das gesamte überschüssige Fett des Körpers zu sammeln. Möglichst unauffällig. Direkt oben auf dem Kopf müsste man es unter einer riesigen Mütze verstecken. An den Oberarmen dagegen könnte man es mit Hilfe eines geeigneten Oberarmkorsetts wie Muskelberge aussehen lassen. Oder man setzt die ganzen Fettzellen einfach alle auf die Füße. Dann sollte man sich aber entsprechend große Sportschuhe anfertigen lassen, vielleicht auch Clownsschuhe. Gehen wäre natürlich schwierig. Für weitere Strecken müsste man sich eventuell so einen elektrischen Stehroller besorgen, diese Segways. Das ist dann zwar nicht sehr gesund, wenn man sich so gar nicht mehr selbst bewegt, aber andererseits auch egal, weil das ganze Fett sowieso in die Füße gezogen wird. Müsste funktionieren.

Also ich zumindest schaue, seit mir diese Zusammenhänge klargeworden sind, bei besonders gut aussehenden, durchtrainierten Leuten immer als Erstes auf die Füße und muss sagen, Mel Gibson jetzt zum Beispiel hat meiner Ansicht nach früher nicht so große Füße gehabt. Und selbst der Satz meines Onkels, der immer meinte: „Unter meinem Körperäußeren bin ich eigentlich ziemlich schlank", klingt plötzlich gar nicht mehr so abstrus, wie ich früher immer dachte.

Wilhelm Busch

Über das Älterwerden

Das große Glück, noch klein zu sein,
sieht mancher Mensch als Kind nicht ein
und möchte, dass er ungefähr
so 16 oder 17 wär.

Doch schon mit 18 denkt er: „Halt!
Wer über 20 ist, ist alt."
Warum? Die 20 sind vergnüglich –
auch sind die 30 noch vorzüglich.

Zwar in den 40 – welche Wende –,
da gilt die 50 fast als Ende.
Doch in den 50, peu à peu,
schraubt man das Ende in die Höh!

Die 60 scheinen noch passabel
und erst die 70 miserabel.
Mit 70 aber hofft man still:
„Ich schaff die 80, so Gott will."

Wer dann die 80 biblisch überlebt,
zielsicher auf die 90 strebt.
Dort angelangt, sucht er geschwind
nach Freunden, die noch älter sind.

Doch hat die Mitte 90 man erreicht
– die Jahre, wo einen nichts mehr wundert – ,
denkt man mitunter: „Na – vielleicht
schaffst du mit Gottes Hilfe auch die 100!"

Ronja von Rönne

Warum das Alter egal ist

„Ach", seufzt eine Alte, „ich wünschte, ich wäre nicht so alt."
Und die jungen Leute schauen die Alte dann an und sagen
etwas Freundliches, so etwas wie: „Aber Sie sind doch gar
nicht alt!" Oder: „Ein Vogel wollte Hochzeit machen."

Dann gehen die jungen Leute nach Hause und setzen
sich verdrossen ein Partyhütchen auf, weil sie noch
nicht alt sind, und die Alten gehen nach Hause
und schreiben mit zitternder Hand Briefe mit
Tinte an andere alte Leute, in denen steht, dass
sie keine E-Mail wollen, sie hätten schließlich
schon Rheuma und irgendwann reiche es mal.
So weit, so Klischee, darauf hat man sich geeinigt, es gibt also „jung" und „alt". Was das bedeutet, ist im Konkreten völlig unklar. Konsens
scheint, dass jung tendenziell besser ist. Man kann,
wenn man jung ist, alberne Sportarten wie Wasserski-
fahren oder Slacklinen betreiben. Wenn man hundert ist
und auf einem Seil tanzt, kommen sofort die Journalisten
und umkreisen einen wie Schmeißfliegen und schreiben Artikel, in denen viel „oho" und „Wahnsinn!" vorkommt.
Man hat sich darauf geeinigt, dass den Alten die Welt gehört
und den Jungen das Versprechen, dass ihnen die Welt gehören wird. So viel scheint klar. Dabei kann doch niemand genau sagen, was „jung" und „alt" bedeutet.

Man kann drei putzmuntere Jahre auf der Welt sein, und auf einmal bekommt man ein reizendes Schwesterchen und ist plötzlich „die Ältere". Im nächsten Moment möchte man als CEO bei Unilever einsteigen, und schon wird einem gesagt, man sei mit drei noch zu jung dafür. Das Alter ist ein Ärgernis, egal, wie oft man schon die Sonne umkreist hat.

Doch obwohl das Alter eine recht redundante Geschichte ist, macht es ständig Furore: „40 ist das neue 20!", „Warum wir nicht mehr älter werden", „Jugendwahn macht krank!", „Überalterung der Gesellschaft". Kaum ein Tag, an dem das Alter und das Altern nicht beweint, zögerlich gefeiert oder sehr kritisch beäugt werden, in Essays, in Talkshows, in Romanen.

Das Alter ist omnipräsent, ständig ist man zu jung für Tabakkonsum oder zu alt für Vierlinge. Man soll schließlich seinem Alter entsprechen. Was das eigentlich heißt, weiß keiner. Man einigt sich vorsichtig darauf, dass die erste Hälfte der durchschnittlichen Lebenserwartung „jung" heißt und die zweite Hälfte „alt". Selbst das ist vage, ganz sicher ist nur, dass es nicht andersherum ist.

Auch Google zuckt nur die Schultern, wenn man herausfinden möchte, was „jung" und „alt" denn nun bedeuten. Am Ende ist keiner und jeder jung, und niemand und alle sind alt.

Trotzdem wird man ständig darauf festgenagelt. Das kalendarische Alter ist wichtiger Faktor in der Einschätzung von Kompetenz, Gesundheit, Lebenserfahrung. Und das, obwohl jedem fast der Hut vor lauter Nicken vom Kopf fällt, wenn man sagt, dass das geistige Alter wenig mit dem kalendarischen gemein haben muss.

Ist man mit 75 alt?

Die Alte vom Anfang des Textes schüttelt den Kopf: „Ich bin noch gar nicht alt! Ich fühle mich wie 25!" Ach, so kann man keinen ordentlichen Artikel schreiben. Das Alter ist ein unkooperatives, schwammiges Sujet.

„Vielleicht", die Alte guckt hämisch, „bist du einfach noch zu jung dafür." Sie guckt aus dem Fenster. Sie hat mal ein Buch gelesen, in dem stand, dass alte Frauen aus dem Fenster gucken. Keine Amsel fliegt vorbei, obwohl das so hübsch in die Szene passen würde.

Immerhin, sie hat einen Punkt. Man weiß selten, ob jemand jung oder alt ist, sehr wohl aber immer, ob andere zu jung oder zu alt für dieses oder jenes sind.

„Wie alt bist du?" Ständig wird Kindern diese dämliche Frage gestellt. Das bietet sich ja auch an, um einzuschätzen, ob das Kind schon den Wirtschaftsteil der Zeitung liest. Eine klare Frage, eine klare Antwort. Und weil das Kind Mitleid mit dem Erwachsenen hat, zupft es brav vier Finger aus der Faust. Das kalendarische Alter ist viel zu wichtig geworden. Mit sechs eingeschult, mit 16 das erste legale Bier getrunken, mit 19 das erste Studium begonnen, einschätzbar, absehbar. Dabei macht nicht die Anzahl der Jahre alt, sondern der Inhalt derselben. Es gibt sehr alte Sechzehnjährige. Es gibt sehr junge Mittfünfziger.

Nehmen wir an, niemand wüsste sein Alter. Man war mal Kind, dann junger Erwachsener, dann lange irgendwas, vielleicht stirbt man am Ende. Man würde eingeschult, wenn man lesen lernen möchte, und studieren, bis man denkt, man habe genug studiert, nicht bis man denkt, man habe jetzt mal das Alter erreicht, in dem man das erste von vielen unbezahlten Praktika absolvieren sollte. Man wäre irgendwie alt, so wie man irgendwie intelligent oder liebevoll ist.

Für Charme gibt es schließlich auch keine Maßeinheit, trotzdem kann man ganz gut abwägen, ob man sich gerade mit einer Scheibe Toast unterhält oder nicht. Menschen sind keine Flasche Bordeaux, bei der sich Qualität durch den Jahrgang auszeichnet. In der Form erinnern sie eher an knubbeliges Wurzelgemüse.

Es sollte uns nicht kümmern, wie alt wir sind. Das Alter steht da, tut ganz entschlossen und brüllt doch jedes Jahr eine andere Zahl, um den gleichen Menschen zu beschreiben.

Es ist nicht zärtlich, ein Alter zu haben. Es setzt nur unter Druck, weil es dem Alter entspricht, ein Kind zu zeugen, man ist ja schon 34, los, in Rente gehen, jetzt. Aber das ist nicht echt.

Man merkt auch ohne konkrete Zahl, wann es an der Zeit ist, ein Kind zu bekommen. Man weiß auch ohne Renteneintrittsalter, ob man noch Vorstandsvorsitzende sein möchte. Man ist nicht mit 40 zu alt für Miniröcke, sondern wenn man sich kritisch im Spiegel anschaut und denkt: „Ich glaube, dieser Minirock steht mir weniger gut als das rattengraue Kostüm. Ich werde mich umziehen." Genau dann ist man zu alt für Miniröcke. Du bist nicht 40, du bist hinreißend, und du rauchst schön.

Das kalendarische Alter entmündigt und entmenschlicht und täuscht eine Gleichheit vor, die es doch überhaupt nicht gibt. Es trompetet herum, man sei viel zu jung für den Menschen, den man liebt, oder viel zu alt für die Reifenschaukel. Dabei kann man für Reifenschaukeln nicht zu alt, sondern nur zu schwer sein.

Ich fordere nicht die Leugnung des Alterns, sondern ein Nachdenken darüber, ob man das Alter als Kategorie wirklich braucht, eine theoretische Revolution in den Köpfen, um dem kalendarischen Alter schlussendlich eine etwas kleinere Rolle zuzugestehen. Ich plädiere für die mentale Emanzipation von einer Ziffer, die vorgibt, uns Orientierung zu geben, und die uns letztlich uns selbst entfremdet.
Die Zeitungen sind voll mit empörten Artikeln von Leuten, die unter wahnsinnigem Druck stehen. Von Studierenden, die das Gefühl haben, sie müssten gleichzeitig einen Master und ein Baby kriegen, denn es wird als große Errungenschaft gesehen, vieles jung erreicht zu haben. Es ist ja auch verlockend, denn Zahlen geben Halt. Mit 18 Physik-Nobelpreisträger – klingt gut.
„Obwohl er erst so jung ist!", wird da geraunt.
Dabei ist der Achtzehnjährige vielleicht einfach ein sehr helles Köpfchen. Man sollte lieber jemandem anerkennend

zunicken, der es geschafft hat, Physik-Nobelpreisträger zu werden, obwohl er sehr dumm ist. Es ist viel schwieriger, als dummer Mensch erfolgreich zu sein denn als junger Mensch. Was für ein Irrsinn, den Erfolg des eigenen Lebens immer im Verhältnis zu verlebten Jahren zu vermessen!

„Wie alt bist du?", wird man zackig gefragt. Die richtige Antwort ist nicht zackig. Die richtige Antwort wäre sehr kompliziert, und man bräuchte einen Gesprächspartner, der schräg in die Luft guckt und sagt: „Ich würde mich als guten Zuhörer beschreiben." Denn anstatt etwa „21" zu antworten, sollte man eigentlich tief Luft holen und sagen: „Ich habe genug Lebenserfahrung gesammelt, um eine stabile Beziehung einzugehen, aber nicht genug, um zu heiraten. Ich bin alt und jung genug, um die ganze Nacht in Clubs zu elektronischer Musik zu tanzen. Manchmal bin ich noch sehr albern, vor allem wenn ich getrunken habe: Ich verliebe mich heftig, denn mein Herz wurde noch nie gebrochen. Gegenüber radikalen Thesen bin ich noch sehr aufgeschlossen, denn ich bin jung genug für Pathos und noch nicht alt genug für die CDU. Ich bin alt genug, um jeden Morgen mürrisch aufzustehen und zu einer Arbeit zu fahren, die ich hasse, das wäre mir als Kind nie eingefallen."

Das wäre eine Antwort, die sich wirklich daran versucht, einzuschätzen, wie alt man ist. Eine andere richtige Antwort wäre: „Alt genug, um gesiezt zu werden, Sie Rüpel."

Das Geburtsjahr sagt gar nichts, außer welches chinesische Sternzeichen man hat. Was uns berechtigt, Starfotograf zu werden oder einen Airbus zu fliegen, sind Lebenserfahrung,

Ausbildung und eine Menge anderer Wörter, die auf -ung enden. Das kalendarische Alter versucht hilflos, all das in einer Zahl zusammenzufassen, und zappelt dabei mit den viel zu kurzen Beinen. Trotzdem lässt man sich von dieser Ziffer umgarnen oder unter Druck setzen. Beides ist falsch.

Es fordert Gelassenheit, sich von dieser Zahl nicht fertigmachen zu lassen. Aber man darf vor den Dingen, vor denen man Angst hat, keine Angst haben. Wenn man genau hinschaut, ist das Alter ein Scheinriese und bei näherem Hingucken sehr klein und sehr unbedeutend, und es zetert leiser, wenn man nicht hinhört.

Sabine Bode

Mach mal langsam:
Tiefenentspannung für Teilzeitneurotiker

Du merkst, dass du älter wirst, wenn dir deine beste Freundin einen Kurs „Stressbewältigung durch Achtsamkeit" schenkt.

Früher bekam ich von Moni eine Eintrittskarte für *Rock am Ring*, heute für einen Nachmittag im Nachbarschaftsbegegnungszentrum. Das ist es wohl, was man den Lauf der Dinge nennt.

Und überhaupt, „achtsam", ich habe immer gedacht, ich wäre schon mein ganzes Leben lang achtsam. Also, ich gucke immer, dass mindestens die nächsten fünf Meter rechts und links keine Bahn kommt, wenn ich über die Straße gehe. Ich bin immer gut zu Tieren und manchmal auch zu Menschen. Und ich bringe immer meine eigene Frischhaltefolie mit und wickle die Salatgurken im Supermarkt damit ein.

Ich horche auch oft ganz tief in mich hinein, bevor ich wichtige Entscheidungen treffe. Meistens kommt dann dabei Folgendes raus: ökologisch ein Wahnsinn, enttäuschendes Preis-Leistungs-Verhältnis, nachweislich gesundheitsgefährdend, *Stiftung Warentest* ungenügend, aber hey, wir sind im Urlaub, also scheiß drauf!

Kurz, diesen ganzen Meditationshype fand ich immer reichlich übertrieben: Wenn ich will, dass einer vor mir sitzt und die Schnauze hält, kann ich doch genauso

121

gut den Busfahrer nach einer Umsteigemöglichkeit fragen! Aber gut, dachte ich dann doch, kann ja nicht schaden, mal ein wenig in mich hineinzuhorchen. Vielleicht finde ich mein inneres Kind, verborgene Stärken oder zumindest mein grünes Ladekabel, das ich schon so lange suche.

Zwei Wochen später lauschten Moni und ich in einer Begegnungsstätte, die sonst auch gern für Krabbelgruppen, Sitzgymnastik und Trauerkurse genutzt wird, einer älteren Dame (also mindestens fünf Jahre älter als ich und damit unfassbar alt!) mit weißer Leinenhose, weißem Flatterhemd und baumwollfeldfarbenem Haar, deren Inneres anscheinend genauso porentief rein war wie ihre äußerliche Erscheinung. Sie begrüßte uns mit einem flüsternden Stimmchen: „Hallo ihr lieben Menschen, ich bin Bärbel Wesseldonk-zu-Papenstedt und bin Expertin für Achtsamkeit durch MBSR, ACT und MBCL!"

Freundlich erwartungsvoll guckte sie in die Runde. Als sich unsere Blicke trafen, antwortete ich reflexartig: „Tach auch, Bode, ich bin Expertin für ADS und *C&A*."

Um mich herum ein Dutzend stressverringerungswilliger Frauen (War ja klar. Männer entspannen sich offenbar lieber, indem sie achtsam ihre Socken *neben* den Wäschekorb schmeißen.), die einhellig befanden: Das hier ist nicht der Ort für Humor. Dies ist ein Ort für Selbstfindung, Gelassenheit und Flatulenz!

„Als Erstes möchte ich Ihnen MBSR vorstellen", raunte die Weißhaarige im Tonfall einer anthroposophischen Puppenspielerin.

„Okay, aber wenn ich ‚Stopp' rufe, machen Sie die Handschellen wieder auf, oder?", warf ich leicht ängstlich ein.

Unbeachtet meiner Sorge erklärte Baumwoll-Bärbel weiter: „‚MBSR' wurde von Jon Kabat-Zinn erfunden. Er ist der Vater der *Mindfulness Based Stress Reduction*."

„Ja, und du bist die Mutter aller Probleme, dann passt ihr ja wunderbar zusammen...", WOLLTE ich sagen, dachte ich aber nur. War das jetzt schon die Achtsamkeit? Schien ja alles schnell zu wirken.

Dann schlug die gute Frau einen Gong, der so lange nachhallte, dass ich mich einfach nicht beherrschen konnte und laut rief: „*MB* präsentiert!" Moni guckte böse.

Jaja, auch ich hatte verstanden. Bei diesem Achtsamkeitskurs ging es nicht um „Augen auf beim Eierkauf!", sondern eher so um Innereien. Aber so schnell konnte ich nicht aus jahrelang praktizierten Verhaltensmustern ausbrechen, da müssen auch die Achtsamen mal Verständnis für haben.

„Gebe dir selbst die Erlaubnis, dich wahrzunehmen", referierte Babs weiter.

„Gib!", rief ich.

„Was?"

„Es heißt ‚gib'!" Moni stopfte mir ihr Blumenhalstuch in den Mund, sodass ich nur noch „iib" rufen konnte.

„Jetzt lass doch mal deine ständige Besserwisserei und lass dich einfach drauf ein!", versuchte Moni mich zu beruhigen und warf den anderen einen fremdschämigen Blick zu.

Mit deutlich eingeschränkter Sauerstoffzufuhr im Gehirn konnte ich die folgende Sitzmeditation nur noch bruch-

stückhaft wahrnehmen. Was aber auch daran gelegen haben könnte, dass das orientalische Minisitzkissen ungefähr so bequem war wie ein antiker Melkschemel.

Mit geschlossenen Augen lauschten wir ihren liebevoll hingehauchten Imperativen: „Sei freundlich und wohlwollend zu dir selbst. Denke daran, es gibt keine falschen Gefühle. Was immer du spürst, akzeptiere es, es ist völlig in Ordnung." Ich spürte vor allem Schmerzen in der Hüfte, die Blähungen meiner linken Sitznachbarin und einen Riesenhunger auf *Baileys*-Cupcakes.

„Nimm deine Gedanken wahr, aber bewerte sie nicht", ließ die menschgewordene Entdeckung der Langsamkeit vorn verlauten.

Ich bewerte meine Gedanken nie. Als aufmerksamkeitsdefizitär veranlagter Mensch ist das nämlich ziemlich schwer, weil pro Millisekunde Informationen wie „Mit der Kleinen Englisch üben!", „Unbedingt Veranstalter XY zurückrufen und sagen, dass er mir vegane Mettbrötchen macht!" und „Was hat Tante Gerda eigentlich 1992 bei der Familienfeier gemeint, als sie sagte, mein Marmorkuchen wäre ein bisschen zu trocken geworden?" gleichzeitig über meine achtspurige Gehirnautobahn rasen.

„Vielleicht möchtest du die Hände auf deinen Bauch legen? Erspüren, wie sich die Bauchdecke hebt und senkt?", säuselte sie weiter.

„Vielleicht möchte ich aber auch einfach nur die Beine in die Hand nehmen", dachte ich, „denn die Gedanken sind frei, kein Mensch kann sie wissen, kein Jäger erschießen.

Hey, was ist das wieder für eine gewaltdominierte Sprache im deutschen Volkslied, muss ich unbedingt mal eine Glosse für *bento* schreiben ..." Aber da schlug schon der Gong.

„Hoch die Hände, Wochenende!", hätte ich beinahe gerufen, aber ich hatte dazugelernt.

„Namaste!", erklärte ich stattdessen mit einer Handbewegung, die eigentlich nur *DJ-Bobo*-Tänzer machen.

Als kleine Hausaufgabe für die nächste Woche gab uns Bio-Babs eine Übung mit: „Nimm dich selbst an, wie du bist. Und nimm deine Mitmenschen so an, wie sie sind."

In der Garderobe, in der sich alle aus den bequemen weißen Jogginghosen schälten, um sich genauso bequeme graue Jogginghosen anzuziehen, wollte ich eigentlich laut „HURZ!" rufen, aber Moni ermahnte mich: „Jetzt lass dich doch einfach mal drauf ein." Recht hatte sie. Ja, ich war eine zynische alte Schachtel und musste unbedingt mehr Empathie an den Tag legen. Ich ging also in die Stadt, wo ich das eben Gelernte ja sofort in die Tat umsetzen konnte.

Als Erstes waren neue Schuhe fällig. Ich fand in einem Schuhgeschäft namens „Comfort? Kommt vor!" auf Anhieb ein paar anschmiegsame neue Treter, die fast alle meine Kriterien erfüllten: platt-spreiz-knickfußkompatibel, atmungsaktiv, rutschfest ... aber leider auch: beige. „Entschuldigung, gibt's die auch in schön?", fragte ich die Verkäuferin, eine patente Dame im besten Alter (also irgendwo zwischen 30 und 80).

„Aber hören Sie, der ist doch wunderschön, bequem, modern, und das Modell *Sahara* wieder immer gern genommen. Gerade erst habe ich meiner Mutter ...“

„Halt“, sagte sofort eine innere Stimme zu mir, „jetzt bloß nicht wieder übergriffig werden und die Frau mit Schuhkartons bewerfen!“

Ich legte den rechten Daumen auf das linke Nasenloch, atmete tief ein und langsam wieder aus und unterbrach ihren Redefluss.

„Ich verstehe Sie sehr gut“, sagte ich und legte ihr die Hand auf die Schulter. „Sie sind eine Poetin, gefangen im Körper einer Schuhverkäuferin, und möchten mir wirklich nichts Böses, sondern sehr achtsam durch die Blume sagen, dass ich mein Alter akzeptieren und dieses Gottesgeschenk ruhig auch in der Wahl der Fußbedeckung nach außen tragen soll. Das ist wirklich sehr lebensbejahend und aufrichtig. ABER DIE FARBE IST EINFACH NUR KACKE! ICH SEHE DAMIT JA AUS WIE DIE URGROSSMUTTER DER SCHAUKELSTUHL-MUTTI AUS ‚PSYCHO‘!“

Sanft wurde ich daraufhin von den Sicherheitskräften aus dem Seitenausgang geschoben, und ich merkte: Hmm, das hat noch Optimierungsbedarf.

Nächster Anlauf: Dessousgeschäft. „Guten Tag, ich suche einen formstabilen BH in Größe 90C“, wendete ich mich an das Fachpersonal.

„Verstehe, Sie wollen so ein gut sitzendes Ding, wo einem beim Bücken nicht alles rausfällt“, sagte eine sehr bunt geschminkte Dame mit Dolly-Parton-Frisur.

„Nein", erwiderte ich, „ich bin jetzt in dem Alter, wo man sich erst gar nicht mehr bückt. Aber gut sitzen sollte er schon." Blondie musterte mich und fällte ohne Maßband, dafür aber offensichtlich mit 40 Jahren Berufserfahrung ihr Urteil: „FÜNFUNDNEUNZICH DÄÄH!", schrie sie durch den ganzen Raum. „Dahinten, bei Übergrößen!"

In einer dunklen Ecke stand ein kleiner Ständer „für Frauen, die mehr zu bieten haben" (als Erbsen), mit genau fünf Modellen zur Auswahl. Aber immerhin: In dieser Größe hatten die Teile kein Schleifchen mehr in der Mitte mit neckischer Pack-mich-aus-wir-sind-ein-Geschenk-für-dich-Konnotation. Es hätte mich nicht gewundert, wenn irgendwo auf diesem Ständer noch das diskrete Schildchen „Bei Bedarf stellen wir Ihnen einen Wagenheber zur Verfügung" gestanden hätte.

Das Schöne an diesen Fachgeschäften ist ja, dass das Verkaufspersonal immer meint, nur weil man das gleiche Geschlecht hat, kann man auch die Umkleidekabine aufreißen und laut rufen: „Nein, DIESE Brust muss DA rein!"

So auch bei mir, wo meine hilflosen Versuche, mich aus einer houdiniartigen Selbstfesselung zu befreien, gleich die Leibchen-Fachkraft auf den Plan riefen, die sogleich wild an mir herumzuppelte. Aber ich ließ es zu: Einatmen, ausatmen, einatmen …

„Der ist okay", sagte ich und spürte dabei schon wieder leichte Erregung aufwallen, „aber haben Sie den denn in einer Farbe, die nicht beige ist?"

„Das ist nicht beige, das ist cappuccino!", flötete sie.

Das war zu viel. Mein persönlicher Siedepunkt war erreicht.
„Hören Sie, nur weil Sie berufsmäßig ungefragt die Milch-drüsen wildfremder Frauen anpatschen, müssen Sie mir noch lange nicht Goethes Farbenlehre erklären! Dieser Gently-Shaping-Minimizer-BH ist nicht nur bügelfrei, was beknackt genug ist, denn wer bügelt schließlich seine BHs, sondern er hat eindeutig eine Farbe irgendwo zwischen Le-berwurstimitat und Wildschweinkacke, da können Sie ihn zehnmal ,cappuccino‘, ,terrakotta‘ oder ,mahagoni‘ nennen, er sieht immer noch aus wie Kinderkotze!“

Aber ich hatte die Frau unterschätzt. Sie war nicht aus der Ruhe zu bringen. Offenbar hatte sie auch schon einen Acht-samkeitskurs bei Baumwoll-Babsi hinter sich. Oder schon ein ganzes Sommercamp auf Sardinien. „Ich bringe Ihnen mal einen Schwarzen von ,Soraya‘. Die sind auf Problemgrö-ßen spezialisiert“, säuselte sie hilfsbereit und unbeeindruckt von meinem steigenden Aggressionslevel. In einer Umkleide, die kaum größer war als eine Waage und mit einer Beleuch-tung, in der der ganze Körper so kalkweiß wie die Klippen von Dover (und auch in etwa so geformt) aussieht, ist sie si-cher viele verzweifelte Geschlechtsgenossinnen gewohnt.

„Aber sehr gern würde ich dieses Wohlgefühl verheißende Polyester-Elasthan-Gemisch an meine Haut lassen“, begann ich, aber dann blinkte dieses Wort wieder auf wie der Auf-ruf „Last call“ am Flughafen, und ich fuhr fort: „Aber sagen Sie, was heißt denn hier *Problemgrößen*? Wollen Sie meinen Brüsten defizitären Charakter unterstellen, weil sie nicht aussehen wie Hans und Franz, sondern wie Dick und Doof?“

Die Frau stand wortlos vor mir, und ich wusste nicht, ob ihr Unterkiefer oder die vielen Plastikbügel in ihrer Hand so klapperten.

Dann fiel es mir plötzlich wie Schuppen aus viel zu weit hervorstehenden Augen: „Nimm deine Gedanken wahr, aber bewerte sie nicht!" Das war ja der eigentliche Plan des Tages. „Tschuldigung!", raunte ich. „Der ist super. Packen Sie mir den ein, aber bitte in 100e."

„Geht das so mit?", fragte sie mich dann so semifreundlich an der Kasse, nachdem sie das Gerät in Seidenpapier mit Lavendelduft eingerollt hat, um die 89,95 Euro zu rechtfertigen.

Und ich merkte, wie mir die Achtsamkeit durch Körper, Geist und Zunge rutschte und von meinem ganzen Wesen Besitz nahm, denn ich sagte nicht: „Ja bitte, eine Sackkarre!", sondern nur mit einem gütigen Gesichtsausdruck: „'türlich."

Dann ging ich mit Moni ins City-Café. Erkenntnis des Tages: Beige geht voll klar. Aber nur als Kaffee-Küchlein, Brownie-Batzen oder Mokka-Schocker. Am besten gleich alles zusammen.

Rainer Maria Rilke

Du musst das Leben nicht verstehen

Du musst das Leben nicht verstehen,
dann wird es werden wie ein Fest.
Und lass dir jeden Tag geschehen
so wie ein Kind im Weitergehen
von jedem Wehen
sich viele Blüten schenken lässt.

Sie aufzusammeln und zu sparen,
das kommt dem Kind nicht in den Sinn.
Es löst sie leise aus den Haaren,
drin sie so gern gefangen waren,
und hält den lieben jungen Jahren
nach neuen seine Hände hin.

Hagen Haas

Rentnersprache

Gerd war schon seit jeher am Puls der Zeit. Mehr als einmal war er seiner Zeit sogar weit voraus gewesen, ein regelrechter Trendsetter. In der Schule gehörte er zu den Ersten, die Rock 'n' Roll hörten. Die Beatles sah er 1962 live im Star-Club. Als er sich einige Jahre später sein erstes Auto leisten konnte, einen gebrauchten VW-Käfer, fuhr er mit seiner großen Liebe Anneliese in den Urlaub nach Italien – und machte ihr einen formvollendeten Heiratsantrag in einer venezianischen Gondel.

In den Siebzigern ließ er sich rebellisch die Haare wachsen, rauchte Marihuana und tauschte seinen Käfer erst gegen einen Bulli und diesen dann am Ende des Jahrzehnts gegen einen Golf ein. In den Achtzigern überredete er Anneliese, einen heruntergekommenen Altbau zu kaufen, um ihn nach eigenen Vorstellungen zu sanieren und auszubauen. Eine kluge Entscheidung, denn der Wertzuwachs der Immobilie in den folgenden Jahrzehnten war enorm.

Den Jakobsweg ging Gerd bereits 1997, also immerhin neun Jahre vor dem Rummel dort durch Hape Kerkelings Bestseller.

Inzwischen war Gerd schon lange in Rente. Aber am Puls der Zeit war er immer noch – und darauf legte er auch großen Wert.

Er hatte früh ein Handy, und als die alten, noch recht klobigen Modelle von den eleganten und leistungsstarken Smartphones mit Touchscreen abgelöst wurden, war er auch hier ganz vorne mit dabei. Um sich fit zu halten, schwor er seit Jahren auf Yoga. Nordic Walking hatte er auch ausprobiert, aber als dann alle damit anfingen, verlor er schnell die Lust daran und widmete sich stattdessen lieber seinem Urban-Gardening-Projekt im Hinterhof.

Außerdem las Gerd gerne und viel – die einzige Sache, bei der er vielleicht ein bisschen altmodisch war. Den Fernseher schaltete er eigentlich nur für die Nachrichten ein.

Gerd las alles: Tageszeitung, wöchentliche Magazine, Sachbücher und Romane – und hier sowohl neuere Werke als auch die Klassiker, wobei er die natürlich inzwischen größtenteils kannte. Eines Tages stolperte er über einen Artikel, in dem es um Jugendsprache ging. Weil er einen dreizehnjährigen Enkel hatte, merkte er sich einen der dort erklärten Ausdrücke, um zu gegebener Zeit den Jungen damit zu überraschen, wie gut er sich immer noch auskannte.

Einige Wochen später wurden Gerd und Anneliese von ihrer Tochter darum gebeten, auf Enkel Leon aufzupassen, denn sie und der Schwiegersohn waren zu einer exklusiven

Hochzeit in ein Berghotel eingeladen worden. Leon hätte zwar mitkommen dürfen, hatte daran aber ebenso wenig Interesse wie seine Eltern, die sich auf ein freies Wochenende freuten. Es hatte sich eingebürgert, dass Opa und Oma, wenn sie auf Leon aufpassten, das Gästezimmer im Haus ihrer Tochter bezogen. Bei sich zu Hause hatte das Kind all sein Spielzeug, und außerdem konnte die Katze gleich mitversorgt werden. Natürlich war inzwischen das einzige Spielzeug, für das Leon sich noch interessierte, seine Spielekonsole. Aber wie das mit Traditionen so ist... und die Katze war ja auch noch da.

Die Hochzeit fand an einem Samstag statt und Leons Eltern waren bereits am Freitagmittag aufgebrochen. Gerd und Anneliese hatten ihr Gästezimmer am frühen Nachmittag bezogen, als Leon noch beim Sport war. Während Anneliese schnell eine Ladung Wäsche für ihre Tochter durchwusch und schon mal die Katze fütterte, hatte Gerd es sich in der offenen Wohnküche gemütlich gemacht und las die Wochenzeitung, natürlich online auf seinem Tablet-PC, er war ja nicht von gestern. Irgendwann hörte man den Schlüssel in der Vordertür und kurz darauf kam Leon in die Küche geschlurft, ließ seine Sporttaschen achtlos mitten auf den Boden fallen und hob lässig die Hand, als sein Großvater aufblickte: „Hey, Opa."

„Hey, Enkel", erwiderte Gerd schmunzelnd, während Leon die Kühlschranktür öffnete und den Inhalt inspizierte.

„Boah ey, kein Schokopudding mehr", stellte er enttäuscht

fest.

Gerd blickte erneut von seinem Tablet auf. „Wir wollten morgen einkaufen. Dann können wir ja neuen mitbringen."

„Fresh. Am besten gleich 'ne Ladung voll", schlug Leon vor, während er immer noch den Kühlschrank nach Essbarem absuchte.

Gerd nickte. „Safe."

Das war der Ausdruck, den er sich im Jugendsprache-Artikel gemerkt hatte. Er bedeutete so viel wie: „Sicher. Gewiss. Verlass dich darauf."

Zufrieden registrierte er, dass sein Enkel offensichtlich wahrgenommen hatte, wie lässig Opas Antwort ausgefallen war. Leon blinzelte, ließ dann die Kühlschranktür zufallen und schaute Gerd an, als ob der etwas sehr Sonderbares gesagt hätte. Dann nuschelte er in seinen nicht vorhandenen Bart: „Als ob."

Nun blinzelte Gerd, denn leider kannte er diesen Ausdruck nicht. „Als ob – was?", hakte er nach.

Leon schaute ihn mit einem Ernst an, den man einem Dreizehnjährigen gar nicht zugetraut hätte, und stellte dann bemüht diplomatisch fest: „Opa, du bist ja sonst echt cool. Aber lass das mit der Jugendsprache."

Gerd passte es überhaupt nicht, so von seinem Enkel zurechtgewiesen zu werden, aber leider fiel ihm im Moment keine bessere Erwiderung ein als: „Warum?"

„Weil das einfach nur peinlich ist!", kam es wie aus der Pistole geschossen zurück.

Gerd fühlte sich in seiner Ehre gekränkt. „Du meinst, weil

ich kein Jugendlicher mehr bin?"

Leon nickte.

„Darf ich sie denn nicht trotzdem benutzen? Sozusagen als Fremdsprache?"

Leon schüttelte den Kopf: „Auf keinsten. Ich will dich ja nicht dissen, aber du checkst nicht, was nice ist – und was cringe. Ihr Boomer gehört nicht zum Squad. Face it."

Gerd war sprachlos. Er hätte sich gerne mit einem passenden Konter verteidigt, aber daran war nicht zu denken, denn er hatte leider nicht mal die Hälfte von dem verstanden, was sein Enkel gerade von sich gegeben hatte. Dieser pubertierende Rotzbengel hatte ihn einfach so mundtot gemacht! Verdrießlich brummte er: „Wenn du meinst", und vertiefte sich dann wieder in seine Online-Zeitung. Dabei ärgerte er sich heimlich darüber, dass er nur einen kleinen Tablet-Bildschirm in der Hand hielt. Hinter einem alten, großformatigen Blatt aus raschelndem Papier hätte man deutlich besser in Deckung gehen können ...

Den ganzen Abend über hielt Gerds schlechte Laune an. Während des Abendessens fiel das nicht sonderlich auf, denn Anneliese fragte ihrem Enkel Löcher in den Bauch und Leon musste ihr ausgiebig von Schule, Sport und sonstigen Hobbys berichten. Sobald er die Chance dazu hatte, verabschiedete er sich nach oben auf sein Zimmer, um noch ein wenig zu „zocken".

Kaum war der Junge aus der Küche geflitzt, wandte sich Anneliese Gerd zu. „Was ist mit dir los? Bist du schlecht gelaunt?"

Gerd war kurz in Versuchung, zu dementieren, denn eigentlich wollte er über sein Jugendsprache-Waterloo gar nicht mehr reden. Aber Anneliese kannte ihn seit über fünfzig Jahren, er konnte ihr sowieso nichts vormachen. Also berichtete er seiner Frau von dem peinlichen Vorkommnis. Als er geendet hatte, schaute sie ihn mit einer Mischung aus Mitgefühl und Belustigung an.

„Das kommt davon, weil du immer so angeben musst", stellte sie sachlich fest – und bevor Gerd eine verärgerte Erwiderung geben konnte, fuhr sie versöhnlich fort: „Ich weiß ja, wie wichtig es dir ist, immer am Puls der Zeit zu sein. Aber lass doch die Jugendsprache den Jungen. Wir hatten damals doch auch unsere eigene Sprache, die die Alten nicht verstanden haben – und gar nicht verstehen sollten!"

Gerd brummte unzufrieden, widersprach aber nicht. Er wusste ja, dass Anneliese eigentlich Recht hatte. Bei „Jugendsprache" war ja bereits im Wort ein deutlicher Hinweis darauf eingebaut, wer die bevorrechtigten Sprecher waren. Außerdem brauchte natürlich jede Generation irgendetwas, um sich von den Eltern abzusetzen, und erst recht von den Großeltern.

Trotzdem ließ ihm die Sache irgendwie keine Ruhe. Eigentlich hatte Gerd im Gegensatz zu vielen seiner Altersgenossen keinerlei Schlafprobleme, aber in dieser Nacht lag er lange wach. Seine Gedanken kreisten unaufhörlich um das missglückte Gespräch mit seinem Enkel. Er wollte nicht nachtragend einem Dreizehnjährigen gegenüber sein und er hatte auch verstanden, dass sein Einfall mit der Jugendsprache bei Licht besehen nicht sein allerbester gewesen war. Trotzdem wollte er sich nicht so einfach geschlagen geben.

Stundenlang grübelte er darüber nach, wie er der Sache doch noch eine positive Wendung geben konnte.

Dann, ganz plötzlich …

… war die Idee da! Gerd kuschelte sich zufrieden in seine Kissen und wenige Augenblicke später war er endlich eingeschlafen …

Am nächsten Morgen war seine Laune hervorragend, was Anneliese beim ersten Kaffee überrascht kommentierte. Gerd lächelte dazu nur hintergründig, während er voller Elan auf seinem Tablet herumwischte. Seine Frau sah ihm über die Schulter.

„Was machst du denn da?", fragte sie verwundert.

„Recherche", gab er zufrieden zurück. „Ich frische meinen Wortschatz ein wenig auf."

Anneliese sah ihn prüfend an. „Gerd Ferdinand Baumann. Was hast du vor?"

Er wurde einer Antwort enthoben, da es genau in diesem Moment klingelte.

„Ich mach schon auf!", erklärte er, erhob sich und ging zur Tür. Als er sie öffnete, stand davor ein Mädchen, das ungefähr im Alter seines Enkels sein musste.

„Hallo. Ist Leon da?", fragte sie schüchtern.

„Bestimmt. Aber ich weiß nicht, ob er schon wach ist. Warte einen Moment."

Damit begab sich Gerd in den ersten Stock und klopfte an die Zimmertür seines Enkels. Nach einigen Augenblicken öffnete dieser nur in T-Shirt und Shorts und nuschelte verschlafen: „Was'n los?"

„Spring in die Röhren, da wartet ein Backfisch."

„Was?!"

Leons irritierter Blick war einfach zu schön. Also legte Gerd gleich noch einen drauf: „Für dich ist es wohl eher eine Torte. Vermutlich aus der Penne."

„Redest du von Essen, oder was?", versuchte Leon Sinn in die Worte seines Großvaters zu bringen.

Doch dieser schüttelte nur den Kopf: „Nee, von dem steilen Zahn vor der Tür."

Leon war nun vollends verwirrt. „Was für ein Zahn?"

Anneliese war Gerd neugierig die Treppe hinauf gefolgt, um herauszufinden, was er vorhatte. Nun erlöste sie ihren Enkel, indem sie erklärte: „Vor der Tür steht ein Mädchen, das nach dir gefragt hat."

„Mia!", entfuhr es Leon. „Bin gleich fertig!"

Damit klappte er die Tür zu, um sich eilig eine Hose anzuziehen.

Anneliese blickte kopfschüttelnd zu Gerd, dem ein breites Grinsen im Gesicht stand.

„Bist du jetzt zufrieden?"

„Oh, ja! Sehr! Ich glaube, ich habe gerade mal wieder einen

neuen Trend begründet." Auf ihren fragenden Blick hin erklärte er: „Rentnersprache."

„Das waren einfach nur Ausdrücke der Jugendsprache vor fünfzig Jahren", korrigierte sie ihn.

„Und die Jugendlichen, die sie damals gesprochen haben, sind jetzt was? Genau: Rentner!", beharrte Gerd gutgelaunt und fügte dann zwinkernd hinzu: „Warum sollen die Jungen die einzigen sein, die eine eigene Sprache haben? Was die können, können wir schon lange!"

Lisa Ortgies

Anruf in der Ruhezone

Smartphones und andere Familienmitglieder

Nachts horte ich alle Kindersmartphones in meinem
Wäscheschrank. Meine Tochter bekommt das Ding erst in
die Hand, wenn sie schultaschenbepackt und abmarschbe-
reit vor der Tür steht: gewaschen, angezogen, satt gegessen

und ansprechbar. Eine Zeit lang habe ich sie ihrer Selbstdis-
ziplin und damit der Anziehungskraft ihres Handys über-
lassen. Mit dem Ergebnis, dass ich nach ihrem chronisch
verspäteten Aufbruch leere Müslischüsseln im Kühlschrank
und nasse Handtücher auf dem Schreibtisch fand. Oder
sie hat es zwar trotz Display vor der Nase geschafft, sich zu
schminken, vergaß aber das Zähneputzen.

Dank konfiszierter Smartphones hat sich der Tagesanfang
enorm entspannt und zu meinem Erstaunen kann ich meiner Tochter mehrere ganze Sätze hintereinander entlocken.
Es kommt sogar vor, dass ich Antworten auf meine Fragen
bekomme, die darauf schließen lassen, dass die Frage vollständig angekommen ist und schon beim ersten Mal (!) auch
inhaltlich erfasst wurde. Das ist nicht viel, aber es macht
mich glücklich. Man wird demütig...

In der Schule müssen die Smartphones in der Tasche bleiben,
bei den Hausaufgaben kommen sie in den Wäscheschrank,
aber danach und dazwischen gibt es kein Halten mehr. Das
Smartphone meiner Tochter ist, mit dem Wort von Erzie-

hungspapst Jesper Juul, zu einem weiteren „Familienmit-
glied" geworden. Anatomisch gesprochen handelt es sich um
einen Appendix, der mit der Handinnenfläche verwachsen
ist. Meine Tochter nimmt ihr iPhone überallhin mit – auf
den Balkon, ins Bad oder aufs Klo. Es ist dabei, wenn sie Bro-
te schmiert, Fernsehen guckt, den Müll wegbringt, ihr Fahr-
rad aufschließt, Haare kämmt oder Nägel schneidet. Wenn
es nicht gerade vor ihrer Nase schwebt, dann streichelt sie
das Handy, als handele es sich um die Hand eines geliebten
Menschen.

Ich gebe zu, dass ich meine Tochter für die motorische Koor-
dination bewundere, mit der sie, das Handy auf Augenhöhe,
durch die Wohnung und an mir vorbeieilt. Ohne hinzuse-
hen umkurvt sie geschickt offene Spülmaschinentüren und
steigt grazil über Wäschehaufen. Es fällt allerdings auf, dass
sie ihr Handy immer dann extrem nah vor das Gesicht manö-
vriert, wenn ich eine Frage habe zu den Themen Schule, Geld
oder Dinge, die aus meinem Schuhschrank bzw. Schmink-
kästchen verschwunden sind. Das Gespräch nimmt eine aus
ihrer Sicht unangenehme Wendung, und schon begibt sie
sich in die Welt hinter dem Display. Mama muss draußen
bleiben. Die Antworten auf meine Fragen schrumpfen zu
monotonen Lautreihen:
„Hmh", „Mhmhm", „Hmhm".

Ein wenig Trost finde ich in der Tatsache, dass dieses
Benehmen inzwischen auch soziologisch erfasst und analy-
siert wird, es gibt sogar einen Fachbegriff dafür: „Phubbing".
Wer seine Liebsten, oder am besten gleich alle Menschen um

sich herum, mithilfe des Handys auf Abstand bringt, ist ein Phubber. „Phubbing" ist eine Wortschöpfung aus den Begriffen *phone*, Telefon, und „snubbing", von *snub*, was so viel bedeutet wie „schroffe Abweisung".

Ich bin also nicht allein mit meiner Kränkung, und offenbar auch nicht „übertrieben sensibel", wie meine Tochter behauptet. Wie Forscher der Universität Kent herausgefunden haben, ist asoziales Telefonverhalten zur weithin akzeptierten Norm geworden. Wer sich ausgeschlossen fühlt, gilt als Mimose – in Jugendsprech übersetzt –, als uncool, oder schlicht: Opfer.

Wir mittelalten Opfer sind durch die digitale Revolution derart eingeschüchtert, dass wir uns nicht mehr trauen, Entwicklungen infrage zu stellen, die wir auch ohne Programmierkenntnisse sehr wohl beurteilen können. Wenn unsere eigenen Kinder uns phubben oder wegen unserer Snapchatignoranz mobben, hat das vor allem einen Grund: Wir lassen es uns gefallen!

Doch was bleibt uns anderes übrig? Zum ersten Mal ist eine Elterngeneration schon lange vor dem ersten Demenzschub bei der Bewältigung des Alltags auf ihre Kinder angewiesen. Oder wer hat bei Ihnen zu Hause den internetfähigen Fernseher programmiert? Was wiederum nicht bedeutet, dass diese Kinder bei ihrem Auszug kochen oder die Waschmaschine bedienen können – die niederen Arbeiten bleiben weiterhin den Eltern vorbehalten. Denn bei den diversen Service- und Wartungsarbeiten, die meine Tochter im digitalisierten Bereich des Haushalts erbringt, müsse man aus ihrer Sicht ohnehin bereits von „Kinderarbeit" sprechen. Da könnten wir ja nicht noch „allen Ernstes" zusätzliche Hausarbeit einfordern. Unsere Abhängigkeit verträgt sich schlecht mit elterlicher Autorität.

Zumal wir sie ja insgeheim bewundern, unsere Kleinen, für ihre geballte Social-Media-Kompetenz, ohne die man heute nicht einmal mehr den geistlosesten Sachbearbeiterjob bekommt. Ab 40 gelten wir auf dem Arbeitsmarkt sowieso als abgehängt, egal wie viele „Webinare" wir hinter uns haben. Vielleicht fehlt es uns an Hingabe. Oder unser Hirn ist qua Herstellungsalter einfach nicht ausgelegt auf die neuen Herausforderungen.

Es ist eindrucksvoll, was ein heranreifendes Denkorgan leisten kann, das ansonsten täglich an der Bedeutung des Satzes „Kannst du bitte in der Küche wieder aufräumen?" scheitert. Sechs bis zwölf Stunden später, die Mortadella hat sich an den Seiten aufgerollt und die Butter ist flüssig: „Ooooooh, sorry, hattest du mir das gesagt…?"

Einmal habe ich mich vor die spaltbreit geöffnete Tür des Kinderzimmers geschlichen, weil ich wissen wollte, wer zu Besuch war. Meine Tochter sprach offenbar mit drei Altersgenossen – über drei verschiedene Themen?

1) „Also, Smaragdgrün finde ich bis jetzt am spannendsten aus der Reihe, da wird endlich das Geheimnis der Loge gelüftet…"

2) „Thaiboxen ist viiiiel anstrengender als das normale Boxen. Der Trainer lässt uns vorher immer fünfzehn Liegestütze machen, fünfzehn!!!"

3) „Ey, Frau Diedrichsen ist so was von ausgerastet. Dabei habe ich einfach nur auf den Spruch reagiert, mehr nicht. Und jetzt kriege ich einen Eintrag, das ist so unfair!"

Wie sich herausstellte, war sie allein. Die verschiedenen Gespräche, zwischen denen sie im 15-Sekunden-Takt hin- und herwechselte, waren drei parallele WhatsApp-Chats, die sie synchron mit Sprachnachrichten versorgte: eine Freundin aus ihrem Lesekreis, eine andere vom Boxtraining und eine Schulkameradin. Die drei ahnten nichts davon, dass sie wiederum zur selben Zeit mit ein und derselben Person plauderten. Als ich meinen Kopf zur Tür reinsteckte, um so etwas zu sagen wie „Das ist doch total durchgeknallt!", wurde mir mit einer eindeutig abwehrenden Geste des handyfreien Arms bedeutet, dass dies nun wirklich nicht der richtige Zeitpunkt für analoge Gespräche sei. Schon gar nicht mit der eigenen Mutter.

„Das ist die Evolution der Spezies", zitierte mein Mann aus einem Buch, als ich ihm von dem Dreifachchat erzählte. In meinen Augen führte das Ganze eher in eine evolutionäre Sackgasse als auf die nächste Stufe der menschlichen Entwicklung... Aber bevor ich ihm antworten konnte, klingelte sein Smartphone und er hob den handyfreien Arm in einer eindeutig abwehrenden Geste.

In diesem Moment wurde mir klar, wer all die Smartphone-Zombies, auch „Swombies" genannt, gezüchtet hat, vor denen die Polizei in Pressemitteilungen warnt, weil sie beim Ein- und Aussteigen aus der Bahn oder beim Überqueren einer Straße reihenweise Unfälle verursachen.

WIR.

Sind.

Schuld.

Die einstmals analogen Babyboomer, die seit Beginn der Neunzigerjahre nie wieder ohne einen schwarzen Knochen – dem jeweils neuesten Modell von Motorola oder Nokia – aus dem Haus gegangen sind. Wir waren so stolz auf unsere neue Unabhängigkeit vom Kabel, dass wir unsere gesamte Außenwelt mit unseren Privatgesprächen beschallen mussten. Wir fühlten uns urban und kosmopolitisch, auch wenn wir nur Oma in Wanne-Eickel am Ohr hatten.

Ein Nokia oder Samsung war später auch im Kreißsaal dabei, als wir unsere ersten Kinder bekamen, ab 2007 wurden die Kleinen nach dem Schlüpfen mit dem ersten iPhone abgelichtet, später auch gefilmt. Kinderwagen wurden fortan nur noch mit einer Hand geschoben, weil die andere das Handy am Ohr hielt. Auf Spielplätzen stieg die Zahl der Schaufelprügeleien und Klettergerüstunfälle am Wochenende drastisch an, weil die Väter mit ihrem Smartphone im Anschlag am Spielplatzzaun entlang ihre Bahnen zogen, statt den Nachwuchs im Auge zu behalten.

Unsere kleinen Swombies sind nichts anderes als das Spiegelbild und Produkt ihrer Smartphone-Junkie-Eltern. Und wieder greift Karl Valentins schlauer Satz: „Man muss die Kinder nicht erziehen, sie machen einem sowieso alles nach."

Meine Kinder konnten kein besseres Vorbild haben als meinen Mann, dessen Blackberry zu Beginn dieses Jahrtausends zu unserem dritten Kind wurde: ein kleiner lackschwarzer Tyrann, der ständig schrie und bettelte, bis es kein Frühstück, kein Abendessen mehr gab, das nicht unterbrochen wurde.

In den USA wurde das Blackberry damals „crackberry" getauft, weil viele Benutzer physische Entzugserscheinungen entwickelten, wenn das Gerät nicht in ihrer Nähe war – von nervöser Unruhe über Angstzustände bis zu plötzlichen Schweißausbrüchen. Bei meinem Mann fing es damit an, dass er mitten in der Nacht oder morgens vor dem Aufwachen den Arm seitlich aus dem Bett streckte, um nach seinem Gerät zu tasten und es kurz zu tätscheln, bevor er sich beruhigt umdrehte, um noch mal einzunicken. Sein Blackberry lag nie weiter als einen halben Meter von ihm entfernt, egal, ob er sich im Bad, in der Küche oder auf dem Balkon aufhielt. Jede Tätigkeit wurde unterbrochen, sobald das Ding blinkend erbebte. Zu groß war die Angst, etwas Neues, Wichtiges, Weltbewegendes zu verpassen.

Am Anfang des Jahrhunderts, noch vor Erfindung des ersten iPhones, überwog die Faszination an der neuen Erreichbarkeit: Niemand musste mehr lange im Büro sitzen, um mit einem Kunden zu sprechen. Aber der Nachteil war, dass man mit dem Handy das Büro mit nach Hause schleppte.

Mit dem ersten iPhone-Boom habe ich gleichgezogen und die Kinder hatten zwei Süchtige als Erziehungsberechtigte. Eine der beiden fing auch noch an zu twittern, was den digitalen Zeitaufwand endgültig implodieren ließ: Bis das Mailpostfach abgearbeitet ist, warten schon 100 neue Tweets. Als freie Journalistin musste ich auf allen Social-Media-Kanälen präsent sein. In meiner Branche ein beliebtes Alibi, um sich ständig Aufmerksamkeitshäppchen abzuholen.

Als frühe Smartphone-Junkies waren wir naiv genug zu glauben, dass sich Zeit weiter und weiter verdichten lässt – alles eine Frage der Organisation. Beim Schmieren der Schulbrote waren die Stöpsel der Freisprechanlage schon im Ohr und beim Nachhausekommen steckten sie immer noch drin. Wir waren die ersten Sklaven des digitalen Kapitalismus, die Ersten, die ihren virtuellen Arbeitsplatz voller Stolz zu Hause ausbreiteten – statt diesen entgrenzten Joballtag als das zu betrachten, was er war: eine Zumutung.

Ein iPad oder ein Laptop war immer in Reichweite. Die Fragen der Kinder wurden meist mit halbem Hirn beantwortet. Die Kleinen hatten gar keine andere Wahl, als eine unbändige Neugier auf dieses elektronische Leuchten zu entwickeln, denn wenn der Papa sich nicht mal dazu hinreißen ließ, vom Bildschirm aufzuschauen, dann mussten es ja wirklich faszinierende Dinge sein, die sich in diesem Kasten abspielten.

Wenn der Philosoph Christoph Türcke recht hat, dann sind es die Erwachsenen, die eine ADHS-Epidemie in der folgenden Generation losgetreten haben. Die vielen Zappelphilipps, die sich Aufmerksamkeit holen, indem sie Unterricht und Elternalltag auf den Kopf stellen, sind „nur der extreme Ausdruck einer Erregung, die uns alle erfasst hat". Die Mailflut, die Schlagzeilen, die Posts und Tweets, die wir jederzeit in unser Gesichtsfeld einladen, wenn wir das Smartphone neben den Rechner legen, die dauernde Erreichbarkeit – all das zwingt uns „zu einer neuen Form der Wahrnehmung, zu

einem Bewusstsein, das nur noch über ein hohes Erregungsniveau erreichbar ist". So stehen wir ständig unter erwartungsvoller Anspannung, und sobald die Erregung nachlässt, wird nach dem nächsten Leuchtelämpchen gefahndet. Eine frische Mail, ein Retweet oder eine WhatsApp-Nachricht? Irgendwas über Facebook-Messenger? Aber vielleicht ein neuer Kontakt über Xing, Linked-in, und wenn das alles nicht reicht, kommen zwei oder drei Partnervermittlungen dazu, die über den Tag verteilt Matches schicken. Wer es nicht schafft, dieses breit gefächerte Belohnungssystem zu übertönen, der muss damit leben, dass das Gegenüber mitten im Satz sein Smartphone hochreißt und in den verborgenen Bildschirm lächelt. Statt in unser Gesicht. (Oder das seines Kindes.) Womöglich fällt vielen von uns gar nicht mehr auf, wie wir uns aufführen. Es sei denn, wir sind selbst diejenigen, die gephubbt werden. Die emotionale Wirkung beim Gegenüber entspricht jedenfalls einem „Sich-einfach-umdrehen-und-Gehen". Womit Kinder bekanntermaßen eher schwer umgehen können.

Noch während ich diesen Absatz schreibe, fällt mir auf, dass mein Blick zum wiederholten Mal vom Display meines Smartphones magisch angezogen wird. Es kostet mich einen kleinen bewussten Willensakt, nicht genauer hinzuschauen. Ich könnte ja etwas verpassen. Diese Angst ist inzwischen ebenfalls mit einer Wortschöpfung geadelt worden: „Fomo", vom englischen „fear of missing out".

„Vor rund zehn Jahren empfand die Mehrheit der Erwachsenen die Benutzung von Mobiltelefonen während privaten

Besuchen, Treffen und Essen als störend", stellt Jesper Juul fest. Und nach all den Jahren mit seinen Büchern kapiere ich endlich, dass der Mann eine ganz andere Mission hat, als Erwachsenen beim Erziehen zu helfen. Eigentlich versucht er, aus uns Eltern erwachsene Menschen zu machen: „Es braucht emotionale und intellektuelle Intimität, gemeinsame Zeit mit den Kindern. Ohne Smartphones. Familieninseln sozusagen", schreibt er.

Während Juul von smartphonefreien Inseln träumt, ist die Deutsche Bahn schon einen Schritt weiter. In deutschen Fernzügen gibt es handyfreie Zonen. Hier trifft man als routinierte Bahnfahrerin auf das andere Extrem. Es gibt kaum einen Bereich im öffentlichen Raum, in dem sich mehr Middleager tummeln als in den Ruheabteilen der Deutschen Bahn. Weil sich dort das Bedürfnis unserer Generation nach wohlverdienter Stille und Entspannung durchgesetzt hat. Zumindest symbolisch. Tatsächlich ist das Ganze natürlich eine Mogelpackung, weil Mailverkehr und Facebook ja keine Geräusche verursachen. Ich sehe hier jedenfalls nicht mehr Bücher als in anderen Abteilen ...

Fest steht: Niemand darf telefonieren oder einen Anruf empfangen – ohne zu riskieren, vom Mob gelyncht zu werden. Was zur Folge hat, dass sich in diesen Abteilen zwar das Bedürfnis nach Stille durchgesetzt hat, aber nicht die Stille selbst. In Wirklichkeit nämlich herrscht eine enorme Anspannung, weil alle auf den Moment warten, in dem irgendein armes Schaf, dem nicht bewusst ist, dass es in einer Ruhezone sitzt, anfängt zu telefonieren.

Wie oft habe ich neben einem dieser Ruhebedürftigen gesessen, die einfach keine Ruhe geben, während sie mit der Zeitung rascheln, ohne einen Artikel zu Ende zu lesen, und ihre Umgebung unter rückenschädigenden Drehungen des Oberkörpers über den Rand der Lesebrille hinweg beäugen. Und plötzlich klingelt es. In einer Doppelsekunde ist es vorbei mit der verheißenen Ruhe. Und schon schnellt der eben noch sprungbereite Ruhewächter neben mir aus seinem Sitz, bremst direkt neben dem Ohr des Delinquenten ab und zischelt ihm mit angriffslustiger Höflichkeit ins Ohr, ob er, „wenn das Telefonat *doch so dringend* ist", nicht lieber die Zone wechseln möchte.

Ich meide diese Abteile inzwischen, da ich befürchte, sonst irgendwann unfreiwilliger Zeuge einer Prügelei zu werden. So etwas wie innere Ruhe lässt sich sowieso nur von innen herstellen.

Mit „Sunrise Surfer Morning Yoga" zum Beispiel. Meine Tochter hat mir die ersten fünf Sessions aufs Smartphone geladen. Ich steige aus dem Bett, stelle das Smartphone in Augenhöhe auf den Nachttisch und mache meine Übungen direkt auf der Fußmatte daneben. Damit ich nach dem ersten Lesen der elektronischen Morgenpost erst mal wieder runterkomme.

Joachim Ringelnatz

Überall

Überall ist Wunderland.
Überall ist Leben.
Bei meiner Tante im Strumpfenband
wie irgendwo daneben.

Überall ist Dunkelheit.
Kinder werden Väter.
Fünf Minuten später
stirbt sich was für einige Zeit.
Überall ist Ewigkeit.

Wenn du einen Schneck behauchst,
schrumpft er ins Gehäuse.
Wenn du ihn in Kognak tauchst,
sieht er weiße Mäuse.

Kurt Tucholsky

Das Stundenkonto

Vor Monaten bin ich einmal mit der Puff-Puff-Bahn von Paris nach Berlin gefahren, denn ich wollte meinem Verleger ins treue Auge sehn... („Sie werden auch nie lernen, ein Feuilleton richtig anzufangen. Das fängt man gefälligst so an: ‚Das Flugzeug surrte über Le Bourget ab, das gute, alte Paris tief unter sich lassend...'") Ja, also ich fuhr mit der Bahn. An der belgischen Grenze stimmte irgendetwas mit den Uhren nicht; mein mangelhafter mathematischer Verstand lässt es niemals zu, zu verstehen, was da eigentlich vor sich geht; einigen wir uns auf: mitteleuropäische Zeit in Idealkonkurrenz mit der Sommerzeit. Kurz und gut: Die Uhren wiesen auf einmal eine Differenz von sechzig Minuten auf. Statt Viertel eins war es plötzlich Viertel zwei.

Das ließ einen der Reisegefährten nicht ruhn. Er wandte sich an den belgischen Zugbeamten.

„Wir haben eine Stunde gewonnen, nicht wahr?", sagte er. – „Nein", sagte der Mann. „Sie haben eine Stunde verloren." – „Nein, gewonnen!", rief der Reisegefährte. – „Nein, verloren!", rief der Schaffner. Es war wunderschön. Der Gefährte fing an, die Astronomie, etwas Regeldetri und eine Prise Einstein in einem Topf zu rühren, den er triumphierend dem Schaffner präsentierte. „Wir haben also eine Stunde gewonnen", sagte er, „wir kommen eine Stunde früher an!"

Es hätte nicht viel gefehlt, und er hätte die Hände vor dem Mund bewegt, wie es die Zirkuskünstler machen, wenn ihnen ein besonders schöner Salto gelungen ist ... Der Schaffner nahm den Topf nicht an. Er sagte vielmehr etwas ganz Überraschendes.

„Sie haben eine Stunde verloren!", sagte er. „Denn Sie haben eine Stunde weniger zu leben." Nie, niemals ist mir der Unterschied der beiden Länder so stark aufgegangen wie in diesem Augenblick.

Wir wollen immerzu ankommen, am liebsten gestern, wir möchten es ganz eilig haben, und wenn es schneller, noch schneller, am allerschnellsten geht, dann bilden wir uns ein, etwas gewonnen zu haben. Der Franzose will leben. Dieser Schaffner trug eine belgische Uniform, aber es war etwas durchaus Französisches, was er da gesagt hatte. Der Franzose will leben.

Und er lebt auch, als ob er tausend Jahre zu leben hätte. Verabrede dich am zweiten des Monats mit einem Pariser; es ist nicht ausgeschlossen, dass er dir eine Zusammenkunft für den achtundzwanzigsten vorschlägt. Frankreich ist so schön weit weg von Amerika ... Am achtundzwanzigsten kommt er dann auch angewackelt, er hat es nicht vergessen. Alles, alles kannst du in Paris – aber etwas an einem einzigen Vormittag erledigen: Das mach mir mal vor. Du hast gar keine Zeit, und der Franzose hat viel zu viel, und so kommt ihr schwer zusammen.

Natürlich hat auch der Schaffner einen Denkfehler gemacht; denn in Wahrheit ändert der vorgestellte Zeiger nichts an der Dauer unseres Lebens; aber so denken sie hier. Ich weiß nicht, ob man damit „vorankommt"; ich kann auch nicht beurteilen, ob man so gute Geschäfte macht, ob das Land auf diese Weise konkurrenzfähig bleiben wird, bis in alle Ewigkeit... das weiß ich alles nicht. Ich weiß nur, dass die Franzosen erst einmal leben wollen, und dem hat sich alles andere unterzuordnen. Einmal hatte es ein Deutscher sehr eilig in Paris, als er bei Tisch saß, und er sagte das auch dem Kellner... Darauf jener: „Wenn Sie keine Zeit haben, dann müssen Sie nicht frühstücken!" Das ist eine Lebensweisheit. Die Franzosen bummeln nicht, sie sind nicht säumig, noch weniger etwa faul, wie schlechte Lesebücher das deutschen Kindern manchmal einreden wollen. Ihr Lebensrhythmus, ihr Arbeitstakt ist ein anderer, und wenn man mit ihnen fertigwerden will, so muss man sich diesem andersgearteten Takt eben anpassen. Was für uns nicht immer einfach ist... Ich will gar nicht einmal vom Pariser Telefon erzählen, einer Maschine, die die Franzosen selbst nicht ernst nehmen, sonst funktionierte sie. Sie funktioniert aber nicht, und man tut gut, in eiligen Fällen zu dem Anzutelefonierenden hinzufahren; man wird Zeit sparen, Nerven und Kraft. Es liegt eine fast orientalische Ruhe im französischen Gehaben, die von der schnellen Sprache und einer fast unmerklich nervösen Atmosphäre sonderbar absticht. Und nichts bringt den Franzosen so durcheinander wie einer, der etwa ununterbrochen mitteilen wollte, wie eilig er sei, wie wenig Zeit er habe, wie schnell das alles erledigt sein müsse... Er wird auf Granit beißen. Er wird den französischen Charakter voll erkennen, der, bei aller Beweglichkeit, unglaublich störrisch sein kann, von einem Eigensinn, der ganzen Planeten standhält ... Da wird nichts zu machen sein. Mit schweren Säbeln ist hier gar nichts auszurichten. Man fechte Florett.

Das Allermerkwürdigste ist, dass der Drang, das eigene Leben voll zu Ende zu leben, sogar den Erwerbstrieb überwiegt: erst das Leben, dann das Geschäft. Und es ist ungemein bezeichnend für die Lebensauffassung der Franzosen, dass sie in prekären Lagen vorziehen, weniger auszugeben, also zu sparen, als mehr zu verdienen. Mit dem Klischee „Es ist eben ein Rentnervolk" kommt man der Sache nicht näher – denn Rentner arbeiten nicht so viel, wie es hier Frauen und Männer allenthalben tun.

Dazu kommt, dass die neue junge Generation denn doch wesentlich anders aussieht – sie ist flinker, schneller, tangogescheitelter, autohafter, anders. Und doch französisch. Es ist – unübersetzbar –: „un peuple débrouillard", ein Volk, das die Sache „schon schmeißt", das sich herausfindet und herauswindet; das, scheinbar planlos, bis hart an den Rand des Abgrunds rollt und dann – im allerletzten Augenblick – eines jener Wunder vollbringt, von denen die französische Geschichte voll ist. So haben sie ein sauber geführtes Stundenkonto, anders als das unsere – und auf der Aktivseite steht ein Posten, der alle, alle andern überstrahlt: das Leben.

Quellen

Friedrich Ani, So kann's gehen
Aus: Silvia Schmid (Hrsg.): Warum man nie runde Geburtstage feiern sollte
© 2011 dtv Verlagsgesellschaft mbH & Co. KG, München

Sabine Bode, Mach mal langsam: Tiefenentspannung für Teilzeitneurotiker
Aus: Sabine Bode, Älterwerden ist voll sexy, man stöhnt mehr.
Das ultimative Lesekonfetti für Postjugendliche ab 50
© 2019 Wilhelm Goldmann Verlag, München, in der Penguin Random House
Verlagsgruppe GmbH

Horst Evers, Dicke Füße,
Aus: Horst Evers, Wäre ich du, würde ich mich lieben,
© 2013, Rowohlt · Berlin Verlag GmbH, Berlin

Thomas Gottschalk, Everybody hurts. R.E.M.
Aus: Thomas Gottschalk, Herbstbunt. Wer nur alt wird,
aber nicht klüger, ist schön blöd
© 2019 Wilhelm Heyne Verlag, München, in der Penguin Random House
Verlagsgruppe GmbH

Josef Guggenmos, So ein Tag
Aus: Josef Guggenmos, Oh, Verzeihung, sagte die Ameise,
© 1990, 2018 Beltz & Gelberg in der Verlagsgruppe Beltz, Weinheim Basel

Hagen Haas, Rentnersprache
© beim Autor

Axel Hacke, Cool
Aus: Axel Hacke, Das Beste aus meinem Leben,
© Verlag Antje Kunstmann GmbH, München 2006

Stefan Heidenreich, Die Zutaten
Aus: Stefan Heidenreich, Geburtstag. Wie es kommt, dass wir uns selbst feiern
© 2018 Carl Hanser Verlag GmbH & Co. KG, München; mit freundlicher
Genehmigung von Carl Hanser GmbH & Co. KG